차시	날짜	빠르기	정확도	확인란	차시	날짜	빠르기	정확도	확인란
1	월 일	타	%		13	월 일	타	%	
2	월 일	타	%		14	월 일	타	%	
3	월 일	타	%		15	월 일	타	%	
4	월 일	타	%		16	월 일	타	%	
5	월 일	타	%		17	월 일	타	%	
6	월 일	타	%		18	월 일	타	%	
7	월 일	타	%		19	월 일	타	%	
8	월 일	타	%		20	월 일	타	%	
9	월 일	타	%		21	월 일	타	%	
10	월 일	타	%		22	월 일	타	%	
11	월 일	타	%		23	월 일	타	%	
12	월 일	타	%		24	월 일	타	%	

이 책의 구성

오늘 배울 내용을 미리 살펴보세요!

인공지능이나 인터넷 사이트를 통해 주제와 관련된 재밌는 체험을 할 수 있어요!

블록 코딩 프로그램인 어린이 스크래치와 엔트리를 이용하여 코딩과 친해질 수 있어요.

인공지능과 인터넷 놀이를 차근차근 따라 하며 숨은 재미를 찾아보아요!

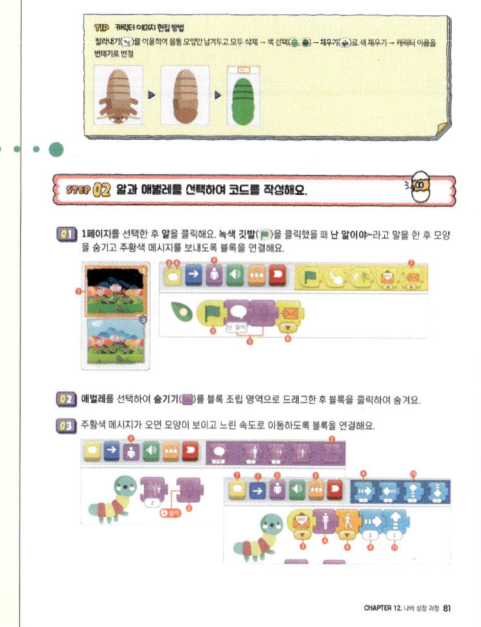

코딩을 처음 배우는 친구들이 쉽게 이해할 수 있도록 코딩 난이도를 초보자 눈높이에 맞췄어요.

배운 기능을 활용하여 스스로 코딩 문제를 해결할 수 있어요!

그림 퀴즈와 스티커 놀이를 통해 창의력을 키워 보아요!
(교재 맨 뒤쪽의 부록 스티커를 활용해 보세요!)

이 책의 목차

01 사바나 동물 친구들 — 008

02 날아라 펭귄아~ — 016

03 꽃을 찾아다니는 꿀벌 — 024

04 배고픈 티라노사우루스 — 030

05 모기를 잡아라! — 036

06 즐거운 할로윈 축제 — 042

07 점프 슛 — 048

08 계절의 변화 — 054

09 점프하는 여우원숭이 — 060

10 우주 악당을 물리쳐라! — 066

11 배고픈 바다거북 — 072

12 나비 성장 과정 — 078

13	14	15	16
 086	 094	 100	 106
친구와 영어로 대화하기	동전 던지기	학교종이 땡땡땡~	수리수리 마수리 ~

17	18	19	20
 112	 118	 124	 130
귀여운 이모지 만들기	룰렛 만들기	동계 스포츠 컬링	쓰레기 분리수거

21	22	23	24
 136	 142	 148	 154
카드 기억력 테스트	팩맨 게임 만들기	신나는 할로윈데이	스네이크 게임 만들기

Chapter 01	사바나 동물 친구들
Chapter 02	날아라 펭귄아~
Chapter 03	꽃을 찾아다니는 꿀벌
Chapter 04	배고픈 티라노사우루스
Chapter 05	모기를 잡아라!
Chapter 06	즐거운 할로윈 축제
Chapter 07	점프 슛
Chapter 08	계절의 변화
Chapter 09	점프하는 여우원숭이
Chapter 10	우주 악당을 물리쳐라!
Chapter 11	배고픈 바다거북
Chapter 12	나비 성장 과정

쉽게 배우고, 재밌게 코딩하고, 창의적으로 작품을 만들어요!

PART 01

어린이 스크래치

CHAPTER 01 사바나 동물 친구들

- 인공지능 프로그램을 이용하여 원하는 동물을 그려보아요.
- 어린이 스크래치의 화면 구성을 알아보고 배경과 캐릭터를 삽입해요.

+ 실습 및 완성 파일 + 【Chapter 01】 폴더

AI + 인터넷 놀이터

어린이 스크래치

AI + 인터넷 놀이터

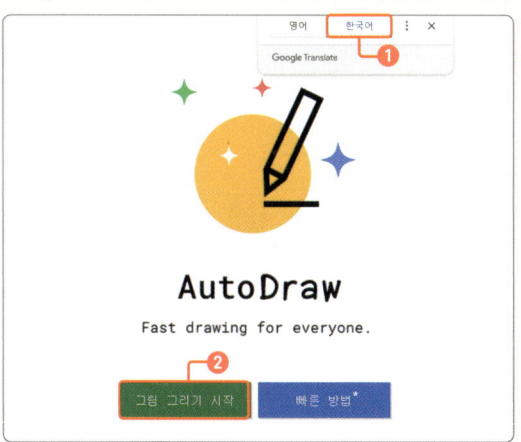

01 ✦ 한국어 번역 후 <그림 그리기 시작> 클릭

> **TIP** AI+인터넷 놀이터 이렇게 시작해요!
>
> [Chapter 01] 폴더 안에 있는 '오토드로우' 아이콘을 더블클릭하면 바로 실행이 가능해요. 단, 크롬(Chrome) 브라우저가 설치되어 있어야 해요!

※ 다른 챕터도 동일한 방법으로 실행해요.

02 ✦ 매직펜으로 원하는 동물 그리기

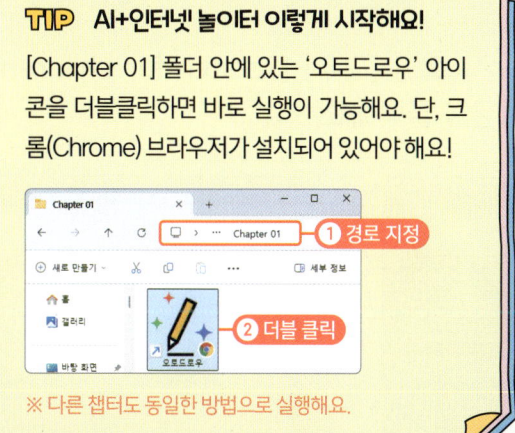

03 ✦ 인공지능이 찾아준 그림을 클릭

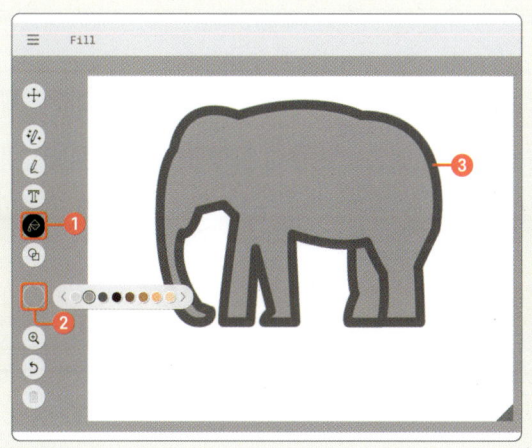

04 ✦ 채우기를 이용하여 원하는 색으로 색칠

> **TIP** 실행 취소
>
> 작업 도중에 실수를 하였을 경우 왼쪽 메뉴에서 실행 취소(↺)를 클릭해요.

STEP 01 어린이 스크래치를 구석구석 살펴보아요.

어린이 스크래치는 코딩 지식이 없더라도 누구나 쉽고 재미있게 연습할 수 있는 기초 블록 코딩 프로그램으로 코딩을 처음 시작하는 저학년 친구들에게 적합한 프로그램이에요.

01 [시작(■)]-[모두]-[Scratch for children]을 클릭해요. 어린이 스크래치가 실행되면 **집 모양(🏠)** 버튼을 클릭해요.

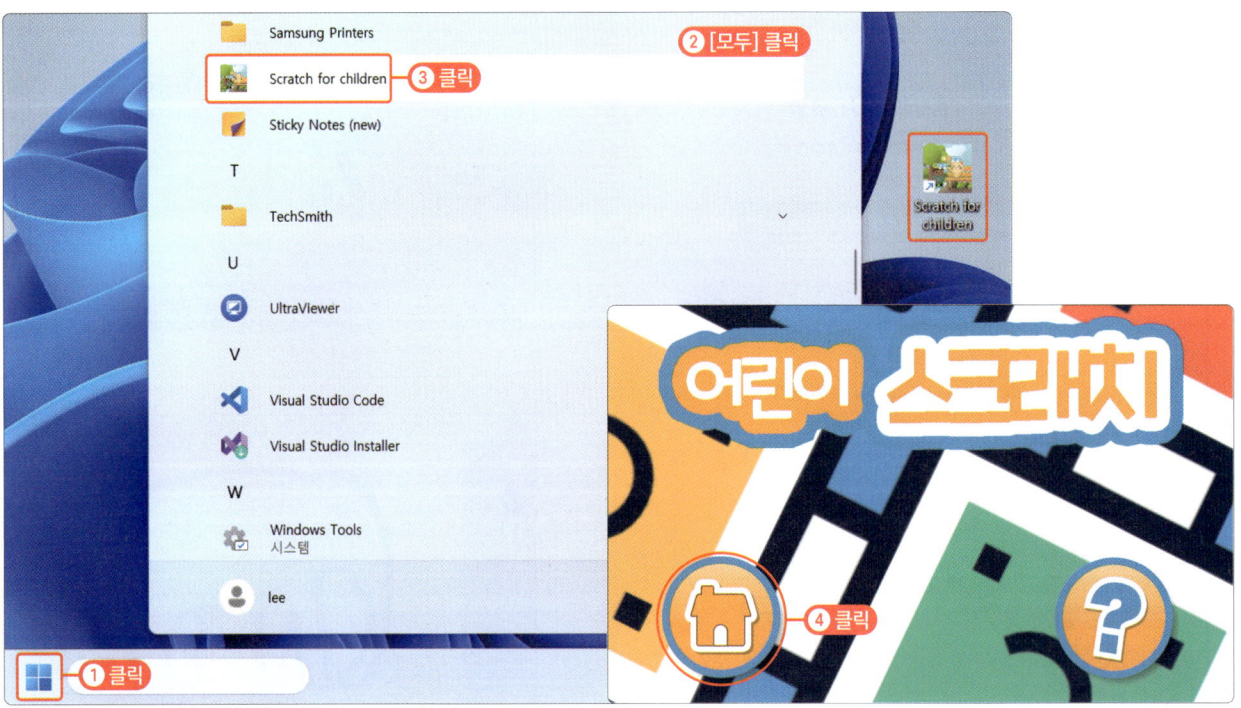

> **TIP 바로 가기 아이콘**
> 바탕화면에 있는 바로 가기 아이콘(🖼️)을 더블클릭하여 **어린이 스크래치**를 실행할 수 있어요.

02 프로그램이 실행되면 화면 오른쪽 끝에 있는 **책(📙)**을 클릭해요.

03 화면이 변경되면 아래쪽 [조작 안내], [그림 편집기 안내], [블록 안내]를 차례대로 클릭하여 각각의 내용을 확인해요.

STEP 02 스테이지에 캐릭터, 배경, 텍스트를 삽입해요.

01 상단 메뉴에서 **집 모양**( )을 선택한 후 **새 프로젝트**( )를 클릭해요.

CHAPTER 01. 사바나 동물 친구들 **11**

02 프로젝트가 실행되면 마우스 왼쪽 버튼을 누른 채 **냥이** 캐릭터를 **2~3초** 정도 눌러주세요. 캐릭터에 **빨간색(❌) 단추**가 나오면 마우스로 클릭하여 냥이를 삭제해 주세요.

03 배경을 삽입하기 위해 **배경 바꾸기**(🖼️)를 클릭해요. 배경 목록이 나오면 **사바나**를 선택한 후 **확인 버튼**(✓)을 클릭해요.

04 캐릭터를 삽입하기 위해 ⊕를 클릭해요. 캐릭터 목록이 나오면 **[동물]**에서 **사자**를 선택한 후 **확인 버튼**(✓)을 클릭해요.

05 **사자** 캐릭터가 삽입되면 마우스로 드래그하여 위치를 변경해요. 똑같은 방법으로 **기린**, **코끼리**, **가젤**, **호랑이**를 삽입한 후 아래 그림을 참고하여 위치를 변경해요.

06 텍스트를 삽입하기 위해 **텍스트 넣기**( )를 클릭해요. 텍스트 입력 칸이 나오면 **사자**를 입력한 후 Enter 를 눌러요.

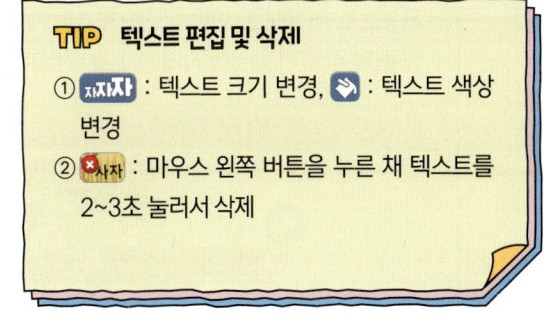

CHAPTER 01. 사바나 동물 친구들 **13**

07 텍스트가 삽입되면 **사자** 캐릭터 위치로 드래그해요. 똑같은 방법으로 **기린, 코끼리, 가젤, 호랑이** 텍스트를 삽입한 후 아래 그림을 참고하여 위치를 변경해요.

08 페이지 목록 옆에 있는 **프로젝트 정보(   )**를 클릭하여 본인 이름과 프로젝명을 합쳐서 입력한 후 **확인 버튼(   )**을 클릭해요.

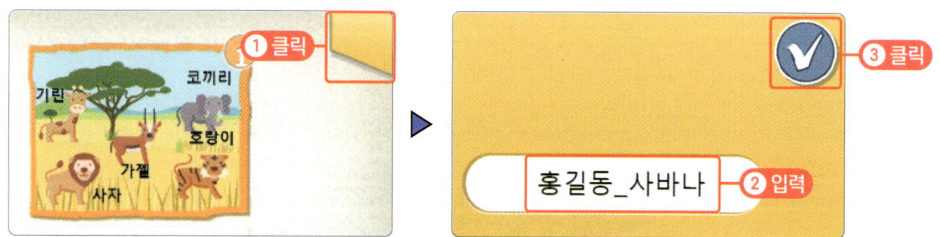

09 모든 작업이 끝나면 **집 모양(   )**을 클릭하여 작업한 프로젝트가 자동으로 저장된 것을 확인해요.

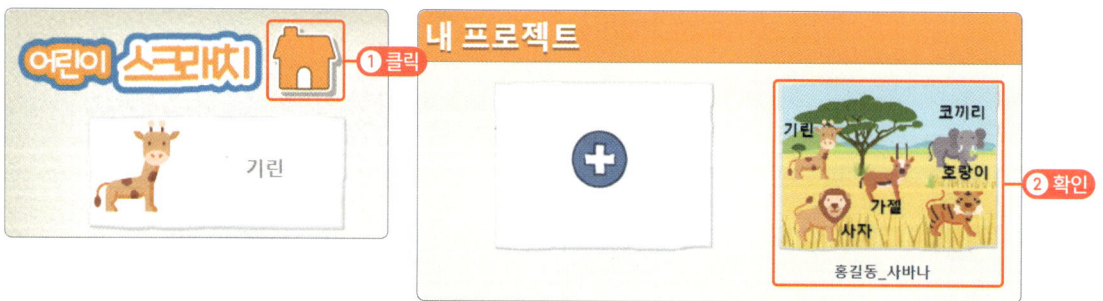

TIP 저장된 프로젝트 파일 삭제
어린이 스크래치는 태블릿 버전을 컴퓨터용으로 만든 것이라서 완성된 파일을 별도로 저정할 수 없으며, 프로그램 안에 자동으로 저장돼요. 어린이 스크래치는 자동 저장된 프로젝트 파일이 많아지면 프로그램이 느려지고 다른 학생이 내 파일을 볼 수 있기 때문에 작업 후 프로젝트 파일을 삭제하는 것을 추천해요.

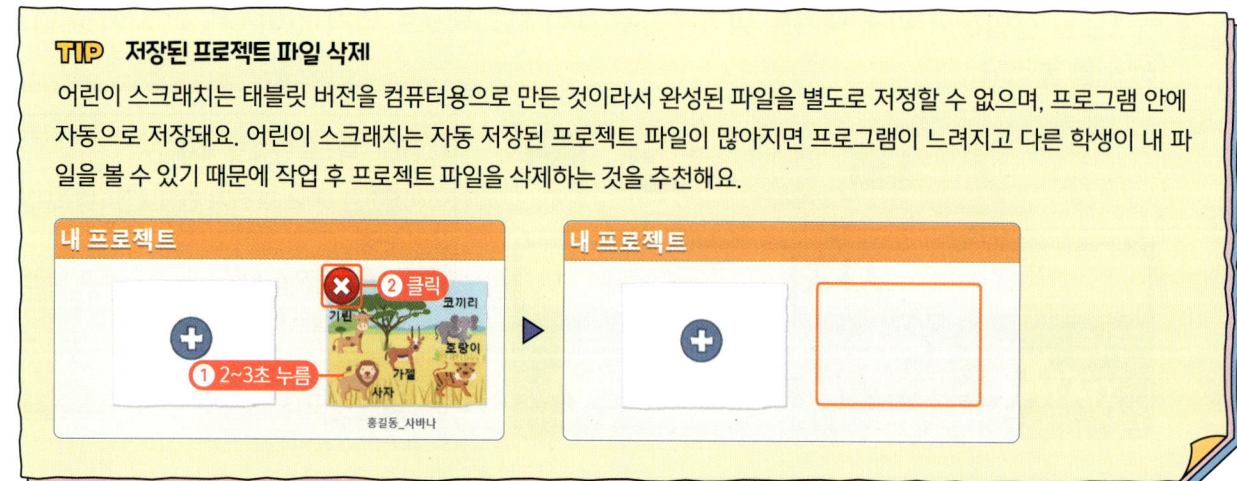

1. **집 모양**(🏠)을 선택한 후 **새 프로젝트**(➕)를 클릭해요.
2. **냥이** 캐릭터를 삭제한 후 **물 속** 배경을 삽입해요.
3. **거북이, 오징어, 고래** 캐릭터를 삽입한 후 위치를 변경해요.
4. **텍스트**를 삽입한 후 캐릭터 위치로 변경해요.
5. 프로젝트 이름을 변경해요.

✷ 캐치마인드 그림과 힌트를 살펴보고, 정답을 알맞게 작성해 보아요!

정답

HINT

사	미	호	자
장	립	랑	비
화	하	나	툴

날아라 펭귄아~

- Code.org에 접속하여 앵그리 버드 프로그래밍을 학습할 수 있어요.
- 펭귄이 지정된 위치로 이동할 수 있도록 코드를 작성할 수 있어요.

+ 실습 및 완성 파일 + 【Chapter 02】 폴더

AI + 인터넷 놀이터

어린이 스크래치

AI + 인터넷 놀이터

01 ◆ 유치원~3학년 <커리큘럼 살펴보기> 클릭

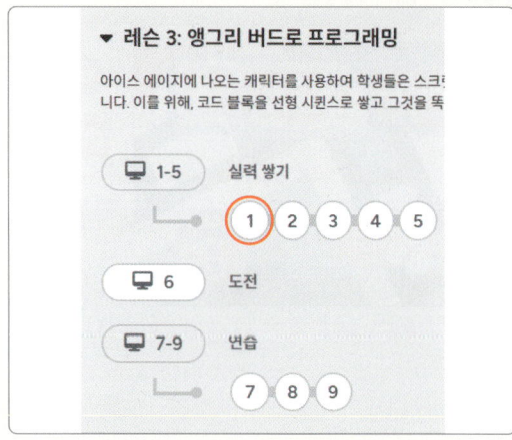

02 ◆ 레슨3: 앵그리 버드로 프로그래밍
실력 쌓기 ① 클릭

03 ◆ 안내 내용을 읽고 문제를 해결할 수 있는 방법을 생각함
04 ◆ 블록을 연결한 후 <실행> 클릭

> **TIP 코딩 방법**
> ① 앵그리 버드가 현재 위치에서 돼지까지 갈 수 있도록 왼쪽, 오른쪽, 위쪽, 아래쪽 블록을 연결한 후 <실행>을 클릭해요.
> ② 블록 1개당 한 칸씩 이동할 수 있어요.

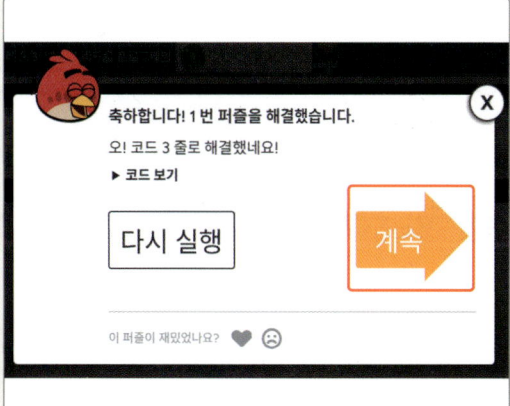

05 ◆ 1단계 문제를 해결하면 <계속>을 클릭하여 다음 단계로 진행

STEP 01 그림 편집기를 이용하여 펭귄 캐릭터를 변경해요.

01 [시작(▦)]-[모두]-[Scratch for children]을 클릭해요. 어린이 스크래치가 실행되면 **집 모양(🏠)** -**새 프로젝트(➕)**를 클릭해요.

02 프로젝트가 실행되면 **냥이** 캐릭터를 삭제해요. ➕를 클릭하여 캐릭터 목록에서 **펭귄**을 선택한 후 **그림 편집기(🖌)**를 클릭해요.

03 그림 편집기가 열리면 **채우기(🪣)**를 클릭해요. 색 팔레트에서 파란색 계열(🔵🔵🔵🔵)을 선택한 후 **펭귄 몸통**을 클릭해요.

04 색을 변경하여 **날개**와 **꼬리** 부분을 클릭해요.

05 '안경'을 그리기 위해 **원 모양(⭕)**, **선 굵기(―)**, **색(🟡)**을 선택한 후 **왼쪽 눈 근처**에서 Shift를 누른 채 드래그해요.

06 드래그(🖱)를 선택한 후 원의 위치를 '눈'에 맞게 마우스로 드래그하여 변경해요.

> **TIP** 실행 취소 및 다시 실행(⤺ ⤻)
> ① 그림을 편집하다가 실수로 틀렸을 경우에는 **실행 취소**(⤺) 버튼을 클릭해요.
> ② 실행 취소 이전으로 복구하려면 **다시 실행**(⤻) 버튼을 클릭해요.

07 똑같은 방법으로 오른쪽 눈에도 원을 그린 후 **사각형 모양**(□)을 선택해요. 안경 사이를 드래그하여 왼쪽 원과 오른쪽 원을 사각형으로 연결한 후 **저장 버튼**(✓)을 클릭해요.

CHAPTER 02. 날아라 펭귄아~ **19**

STEP 02 배경을 삽입한 후 캐릭터 위치를 변경하고 크기를 줄여요.

01 배경을 삽입하기 위해 **배경 바꾸기**( )를 클릭해요. 배경 목록이 나오면 **북극**을 선택한 후 **확인 버튼**( )을 클릭해요.

02 **펭귄**의 위치를 변경하기 위해 **격자**( )를 클릭한 후 펭귄을 드래그하여 **가로(8)-세로(5)** 위치에 맞춰주세요.

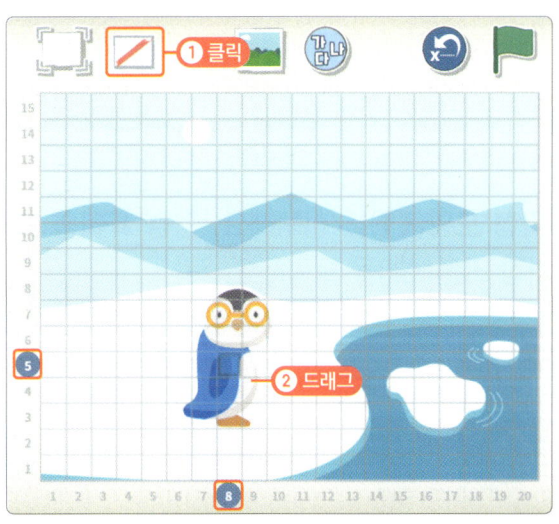
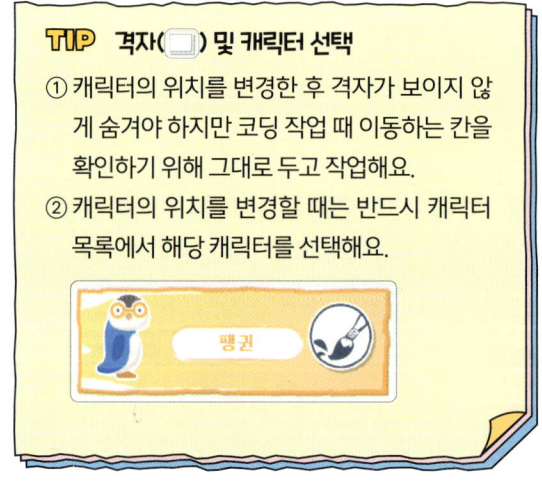

TIP 격자( ) 및 캐릭터 선택
① 캐릭터의 위치를 변경한 후 격자가 보이지 않게 숨겨야 하지만 코딩 작업 때 이동하는 칸을 확인하기 위해 그대로 두고 작업해요.
② 캐릭터의 위치를 변경할 때는 반드시 캐릭터 목록에서 해당 캐릭터를 선택해요.

03 펭귄의 크기를 줄이기 위해 **모양 블록**( )에서 **작게 하기**( )를 블록 조립 영역으로 드래그한 후 블록을 **두 번 눌러** 주세요.

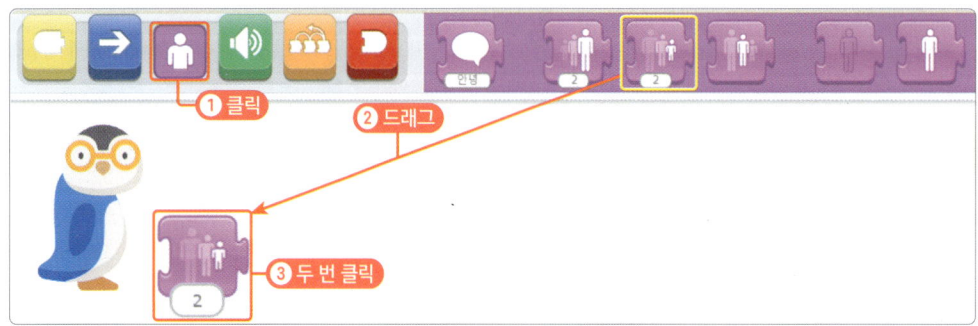

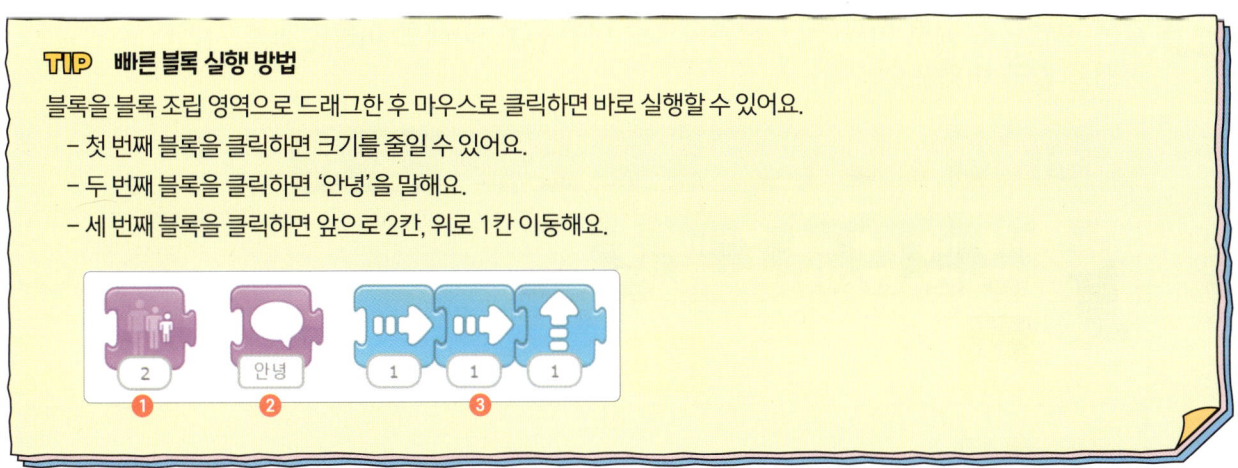

STEP 03 펭귄을 지정된 위치로 이동시켜요.

01 크기가 줄어든 펭귄을 이동시키기 위해 →(이동 블록)에서 **오른쪽으로 이동**()을 블록 조립 영역으로 드래그해요.

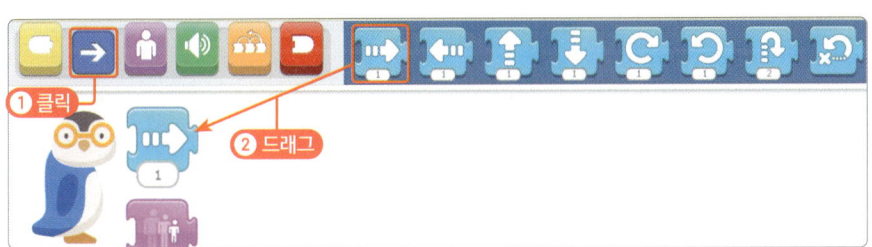

02 오른쪽으로 이동( ) 블록 세 개를 차례대로 드래그하여 연결해요.

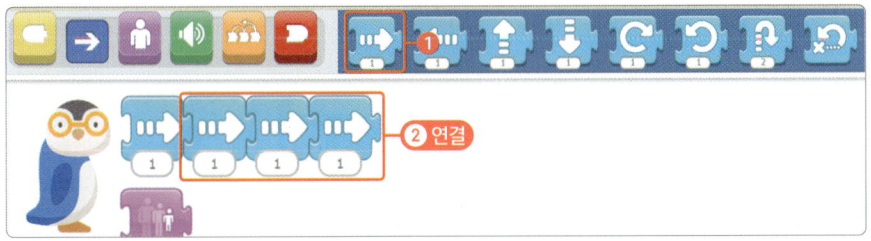

TIP 블록 삭제
블록을 잘못 연결하였을 때는 해당 블록을 블록 조립 영역 바깥쪽으로 드래그하여 삭제할 수 있어요.

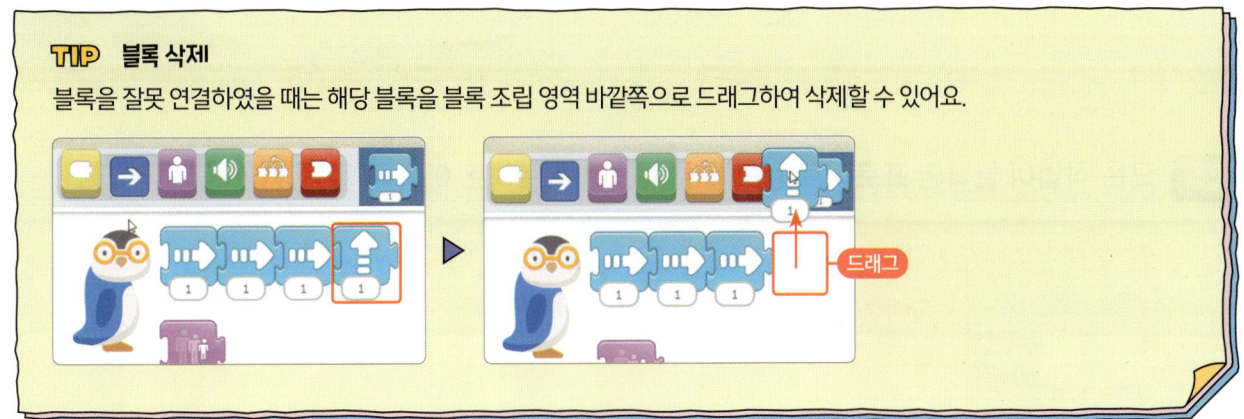

03 같은 방법으로 **위로 이동**(), **오른쪽으로 이동**(), **아래로 이동**()을 차례대로 연결한 후 블록 아래쪽 **값**을 변경해요.

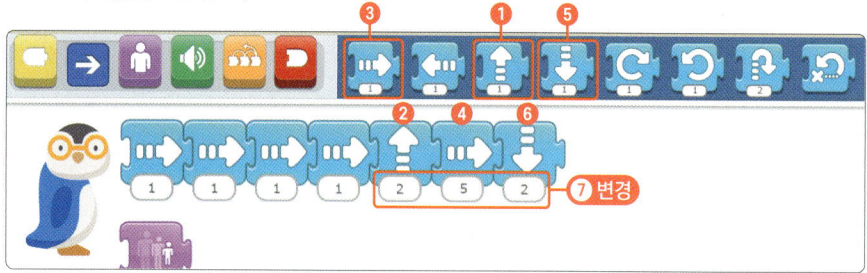

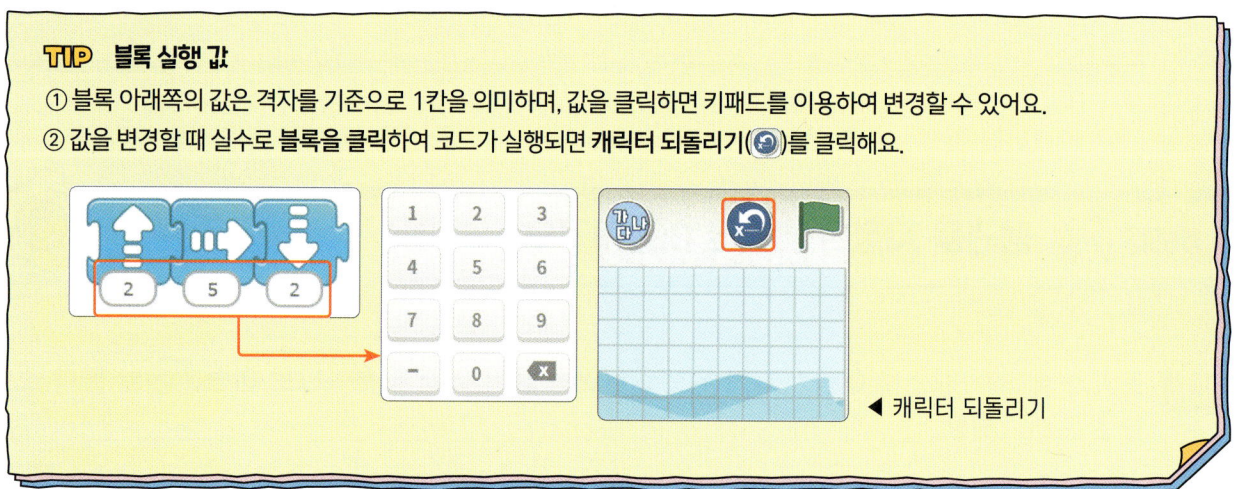

04 **모양 블록**()에서 **말하기**()를 연결한 후 내용을 **도착**으로 변경해요. 코드 작업이 끝나면 연결된 코드(블록)를 클릭하여 결과를 확인해요.

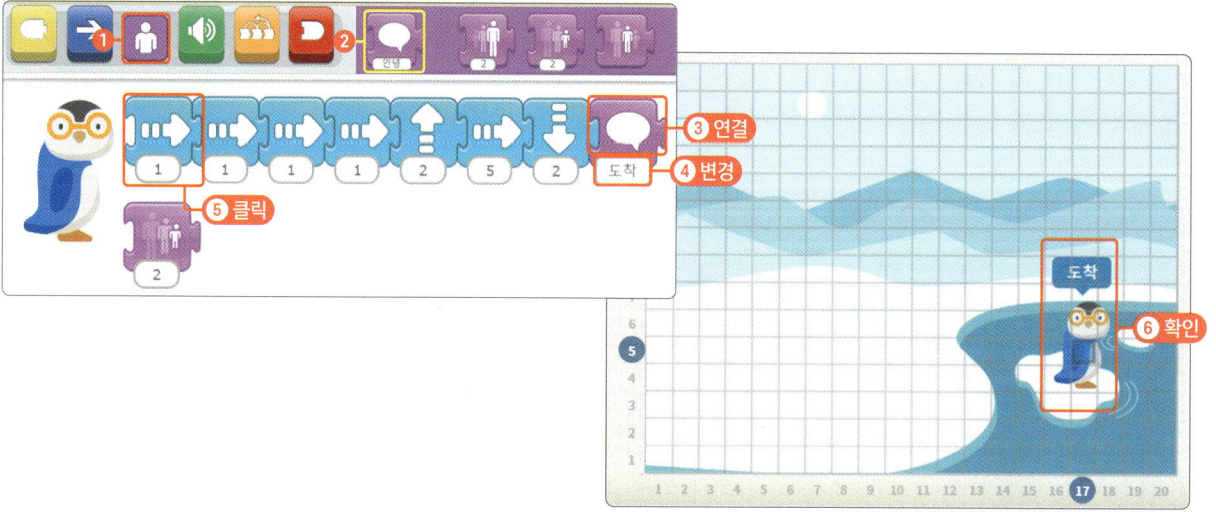

05 모든 작업이 끝나면 **프로젝트 정보**를 클릭하여 프로젝트 이름(홍길동_펭귄)을 변경해요.

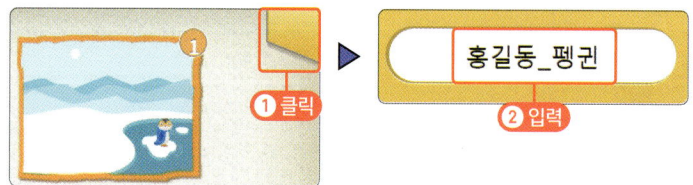

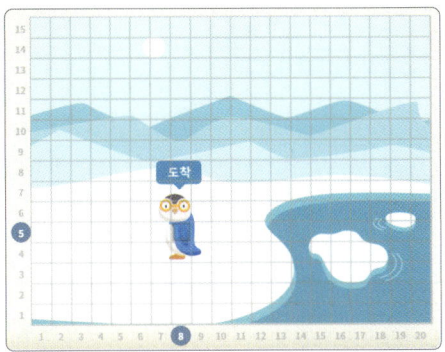

TIP 캐릭터 되돌리기( )

코드를 실행한 후 캐릭터 되돌리기( )를 클릭하면 캐릭터가 처음 시작 위치로 이동해요.

① 펭귄이 원래 위치로 되돌아올 수 있도록 아래 그림처럼 코드를 추가한 후 값을 변경해요.

② 추가된 코드를 클릭하여 펭귄이 처음 위치로 돌아오는지 결과를 확인해요.

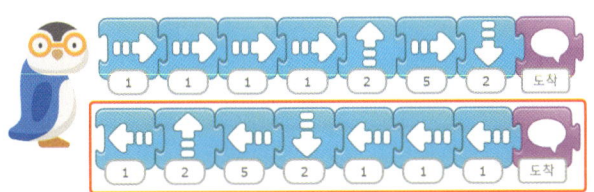

✱ 펭귄이 해를 찾아갈 수 있도록 부록으로 제공되는 스티커를 붙여보아요!

CHAPTER 02. 날아라 펭귄아~

꽃을 찾아다니는 꿀벌

- 구글 두들에서 꿀벌을 이용하여 마우스 드래그를 연습할 수 있어요.
- 반복 블록으로 꿀벌이 왼쪽과 오른쪽 꽃으로 이동하도록 코드를 작성할 수 있어요.

> **AI + 인터넷 놀이터**

+ 실습 및 완성 파일 + 【Chapter 03】 폴더

> **어린이 스크래치**

01 ✦ 구글 두들 꿀벌을 실행한 후 ▲ 클릭

02 ✦ ▶ 클릭 후 <Skip Intro> 클릭

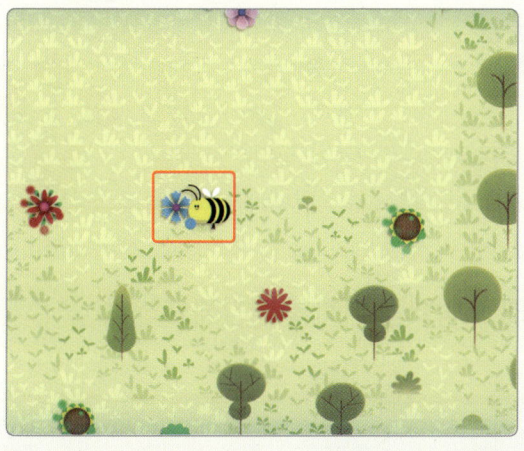

03 ✦ 꽃으로 꿀벌을 드래그

> **TIP 게임 방법**
>
> 꿀벌을 꽃으로 드래그한 후 꽃이 피지 않은 같은 색상의 꽃 모양으로 꿀벌을 드래그하면 예쁘게 꽃이 피어요.
>
>

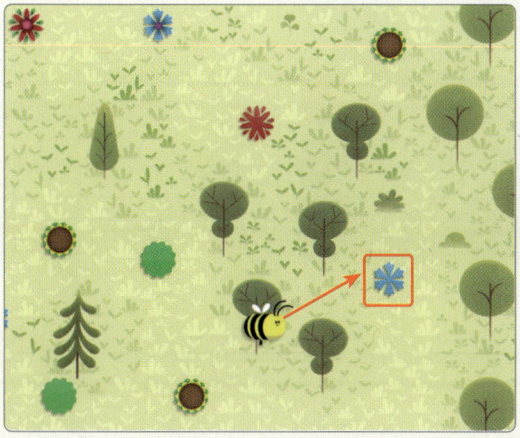

04 ✦ 같은 색상의 꽃 모양으로 꿀벌을 드래그

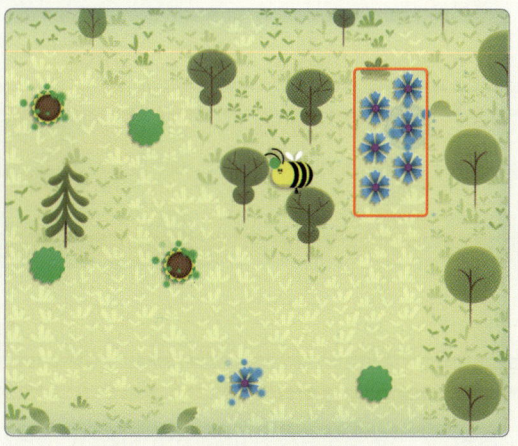

05 ✦ 색상이 같으면 여러 개의 꽃이 핌

CHAPTER 03. 꽃을 찾아다니는 꿀벌

STEP 01 배경 및 캐릭터를 삽입해요.

01 어린이 스크래치를 실행하여 **새 프로젝트**(➕)를 클릭해요. **배경 바꾸기**(🖼)를 클릭하여 **꽃밭**을 삽입해요.

02 **냥이** 캐릭터를 삭제한 후 ➕를 클릭해요. 캐릭터 목록에서 **꽃**을 선택하여 삽입해요.

03 똑같은 방법으로 또 다른 **꽃**과 **벌**을 추가한 후 아래 그림처럼 위치를 변경해요.

> **TIP** 캐릭터 좌표 위치
> ① 격자(▦)를 클릭하여 첫 번째 '꽃'은 가로(3)-세로(3), 두 번째 '꽃'은 가로(18)-세로(3), '벌'은 가로(16)-세로(4) 위치로 드래그해요.
> ② 캐릭터의 위치를 변경할 때는 반드시 왼쪽 **캐릭터 목록(꽃, 꽃, 벌)**에서 해당 캐릭터를 선택한 후 위치를 변경해요.

STEP 02 반복 블록을 이용하여 벌을 좌-우로 이동시켜요.

01 벌의 크기를 줄이기 위해 **모양 블록**( )에서 **작게 하기**( )를 블록 조립 영역으로 드래그한 후 블록을 **세 번 눌러** 주세요.

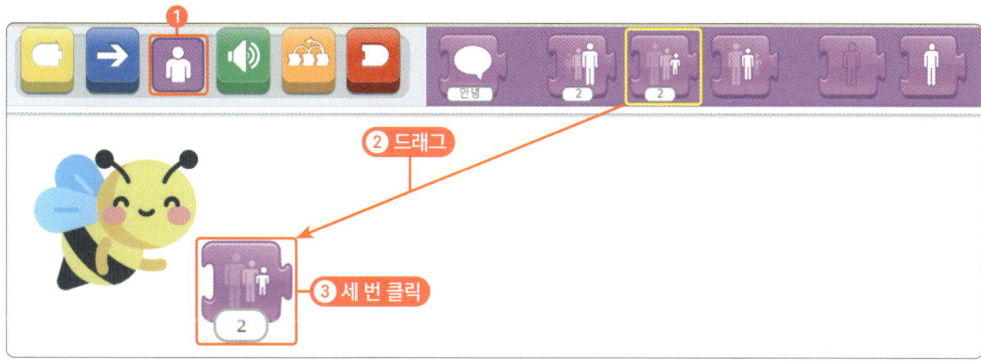

02 **제어 블록**( )에서 **반복 하기**( )를 블록 조립 영역으로 드래그한 후 값을 **10**으로 변경해요.

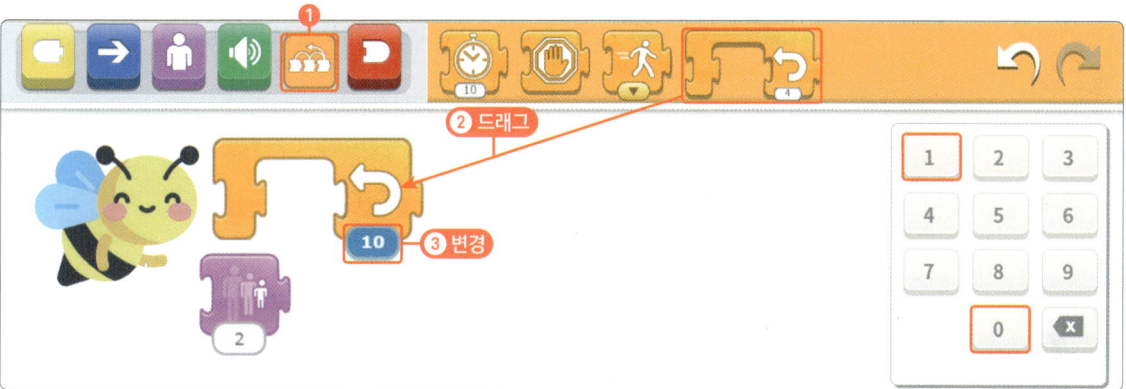

03 **이동 블록**( )에서 **왼쪽으로 이동**( )을 반복 블록 안쪽에 끼워 넣어요.

> **TIP** 반복 블록
>
> 반복 블록 안쪽에 연결된 블록들은 입력한 값만큼 반복해서 실행해요.
>
> ▲ 왼쪽으로 1칸씩 10번 반복하여 총 10칸을 이동함

04 반복이 끝나면 벌을 회전시키기 위해 **왼쪽으로 회전**( )과 **오른쪽으로 회전**( )을 반복 블록 뒤쪽에 연결해요.

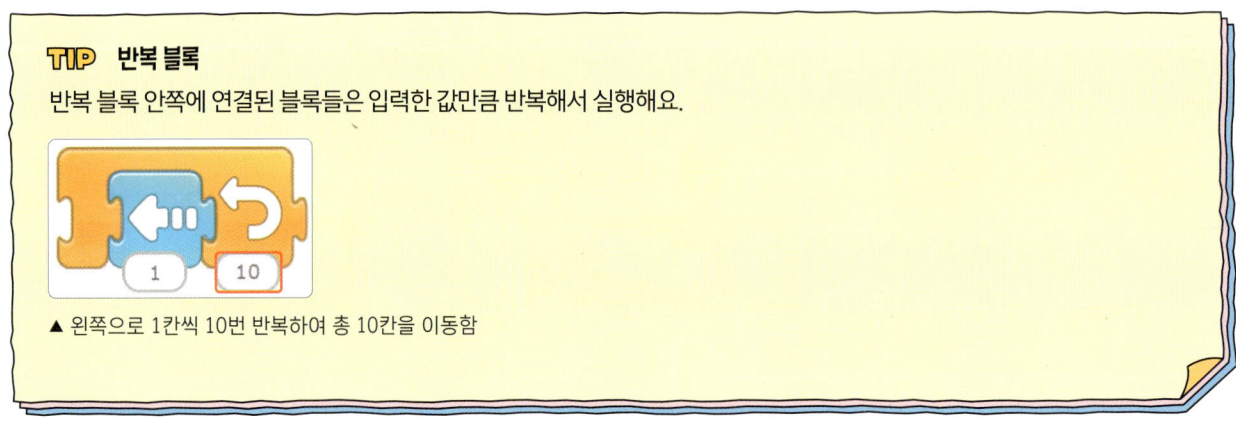

05 **모양 블록**( )에서 **말하기**( )를 연결한 후 내용을 **맛있는 꿀이다~**로 변경해요.

06 코드 작업이 끝나면 연결된 코드(블록)를 클릭하여 결과를 확인해요.

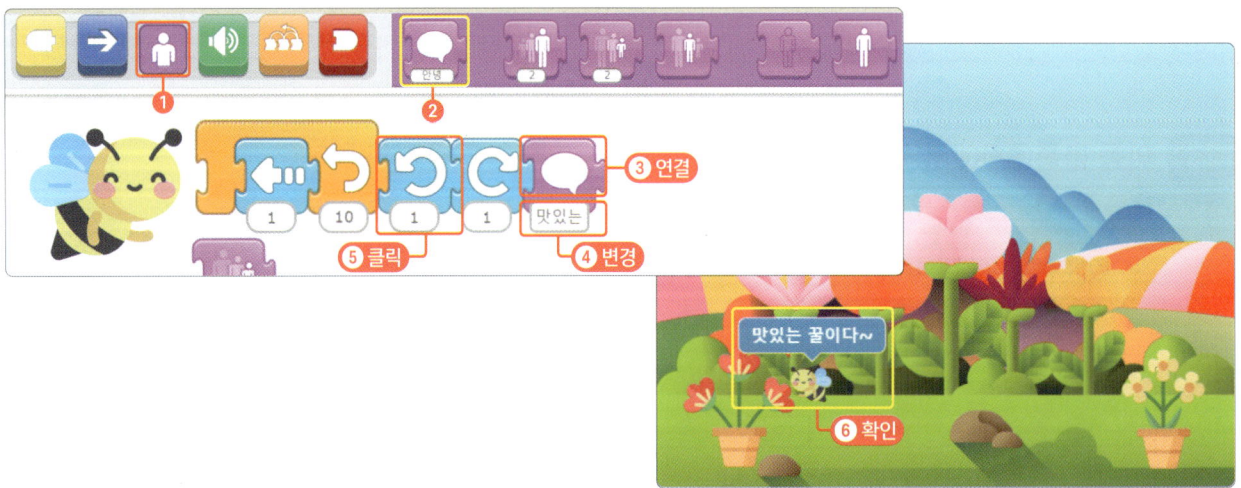

07 모든 작업이 끝나면 **프로젝트 정보**를 클릭하여 프로젝트 이름(홍길동_꿀벌)을 변경해요.

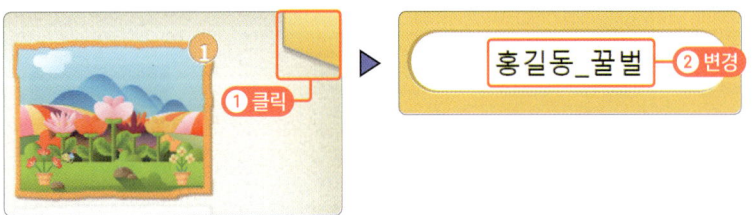

① 벌이 반대쪽 꽃으로 이동할 수 있도록 아래 그림처럼 코드를 추가해요.
  - 말하기 : 여기도 있네~
② 추가된 코드를 클릭하여 벌이 반대쪽 꽃으로 이동하는지 결과를 확인해요.
③ 벌을 처음 위치로 이동시키려면 **캐릭터 되돌리기**(🔄)를 클릭해요.

✱ 코끼리가 수박을 찾아갈 수 있도록 부록으로 제공되는 스티커를 붙여보아요!

CHAPTER 04 배고픈 티라노사우루스

- 구글에서 공룡을 이용하여 스페이스바를 연습할 수 있어요.
- 녹색 깃발(이벤트)을 이용하여 여러 개의 캐릭터 코드를 동시에 실행할 수 있어요.

+ 실습 및 완성 파일 + [Chapter 04] 폴더

AI + 인터넷 놀이터

플레이하려면 스페이스바를 누르세요.

HI 00053
플레이하려면 스페이스바를 누르세요.

어린이 스크래치

AI + 인터넷 놀이터

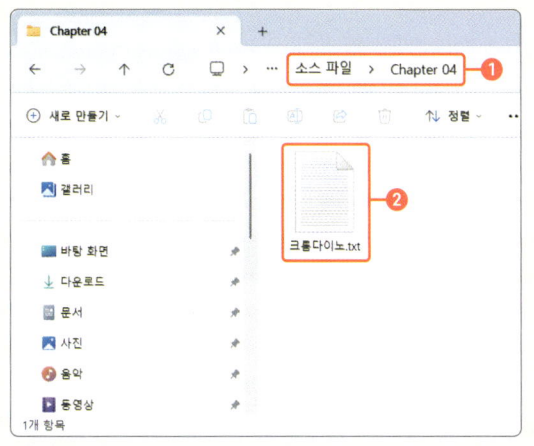

01 ✦ [Chapter 04] 폴더에서 '크롬다이노.txt' 더블클릭

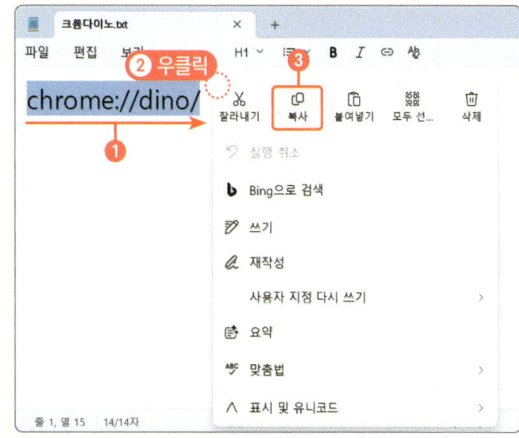

02 ✦ 텍스트 드래그 후 [복사]

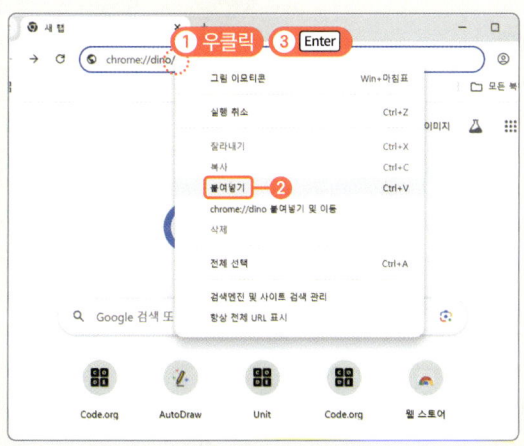

03 ✦ 크롬 브라우저 열기
04 ✦ 주소 입력 창에 [붙여넣기] 후 Enter

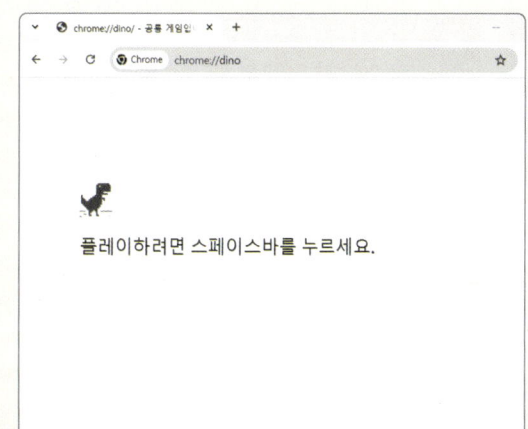

05 ✦ Spacebar 를 눌러 게임 시작

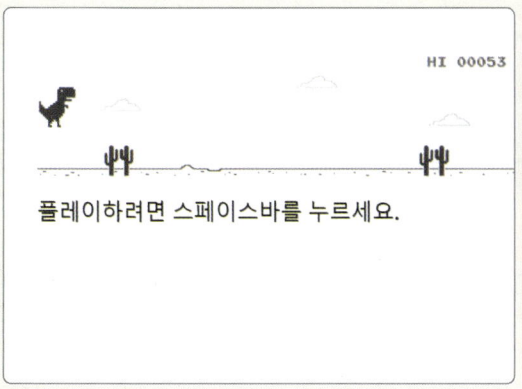

06 ✦ 장애물이 보이면 Spacebar 를 눌러 점프하기

> **TIP 게임 방법**
> 시간이 흐를수록 장애물의 속도가 더 빨라져요. 특정 점수를 넘어서면 게임 화면이 까맣게 변해요. 게임 종료 후 Spacebar 를 누르면 다시 시작할 수 있어요!

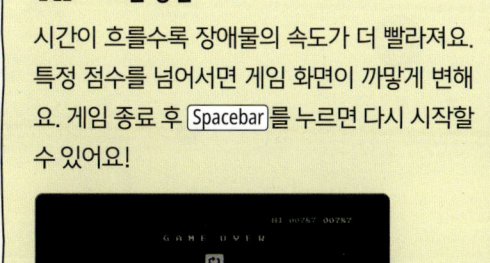

STEP 01 배경 및 캐릭터를 삽입해요.

01 어린이 스크래치를 실행하여 **새 프로젝트**(+)를 클릭해요. **배경 바꾸기**(🏞)를 클릭하여 **화산**을 삽입해요.

02 냥이 캐릭터를 삭제한 후 ➕를 클릭해요. 캐릭터 목록에서 **티라노**를 선택하여 삽입해요.

03 똑같은 방법으로 **바나나**를 추가한 후 아래 그림처럼 위치를 변경해요.

TIP 캐릭터 좌표 위치
격자(▦)를 클릭하여 '타라노'는 가로(4)-세로(4), '바나나'는 가로(19)-세로(4) 위치로 드래그해요.

STEP 02 녹색 깃발을 이용하여 티라노를 이동시켜요.

01 티라노를 선택하여 **시작 블록**(🟡)에서 **시작**(🚩)을 블록 조립 영역으로 드래그해요. **모양 블록**(👤)에서 **말하기**(💬)를 연결한 후 **먹이다**로 변경해요.

> **TIP** 시작(🚩) 블록
> 시작 블록에 연결된 블록들은 스테이지 위쪽의 **녹색 깃발**(🚩)을 클릭하면 해당 코드가 실행돼요.

02 **제어 블록**(🟧)에서 **반복 하기**(🔁)를 연결하여 값을 **7**로 변경해요. 빠른 속도로 이동하기 위해 **속도 조절**(🏃)을 끼워 넣고 **빠르게**(🏃)로 변경해요.

> **TIP** 속도 조절(🏃) 블록
> 🚶 : 느리게, 🏃 : 보통, 🏃 : 빠르게

03 **이동 블록**(➡️)에서 **오른쪽으로 이동**(⏩)을 안쪽에 연결해요. **모양 블록**(👤)에서 **말하기**(💬)를 연결한 후 **아우 힘들어**로 변경해요.

CHAPTER 04. 배고픈 티라노사우루스

04 똑같은 방법으로 아래 그림처럼 블록들을 연결한 후 값을 변경해요. 단, 속도는 **느리게**, 말하기는 **뭐야 이거?** 로 변경해요.

STEP 03 무한 반복을 이용하여 바나나 크기를 계속 변경해요.

01 **바나나**를 선택하여 **시작 블록**(🟡)에서 **시작**(🚩)을 블록 조립 영역으로 드래그해요. **모양 블록**(🟣)에서 **크게 하기**와 **작게 하기**를 연결해요.

02 크기를 계속 변경하기 위해 **종료 블록**(🔴)에서 **무한 반복하기**(🔁)를 연결해요. 코드 작업이 끝나면 스테이지 위쪽의 **녹색 깃발**(🚩)을 클릭하여 결과를 확인해요.

> **TIP** 무한 반복하기(🔁) 블록
> 코드가 실행되면 코드를 정지(⬛)하기 전까지 계속 반복하여 실행해요.

03 모든 작업이 끝나면 프로젝트 이름(홍길동_티라노)을 변경해요.

1. 프테로를 추가하여 **가로(2)-세로(14)** 위치로 드래그한 후 크기를 **한 번** 줄여요.
2. 프테로가 바나나 쪽으로 이동할 수 있도록 아래 그림처럼 코드를 작성해요.
   - 첫 번째 말하기 : 내가 먼저!
   - 두 번째 말하기 : 휴~ 위험했다.
3. **녹색 깃발( )**을 클릭하여 누가 먼저 바나나 쪽으로 이동하는지 결과를 확인해요.

✱ 공룡이 파인애플을 찾아갈 수 있도록 부록으로 제공되는 스티커를 붙여보아요!

CHAPTER 04. 배고픈 티라노사우루스

CHAPTER 05
모기를 잡아라!

- 구글 아트앤 컬쳐에서 폭죽을 터트리고 음악에 맞추어 클릭을 연습할 수 있어요.
- 캐릭터를 클릭(이벤트)하면 코드가 실행되게 할 수 있어요.

> AI + 인터넷 놀이터

+ 실습 및 완성 파일 + **[Chapter 05] 폴더**

> 어린이 스크래치

AI + 인터넷 놀이터

01 ✦ 구글 아트앤 컬쳐 실행 후 <게임 플레이> 클릭

02 ✦ <SKIP>-<PLAY> 클릭

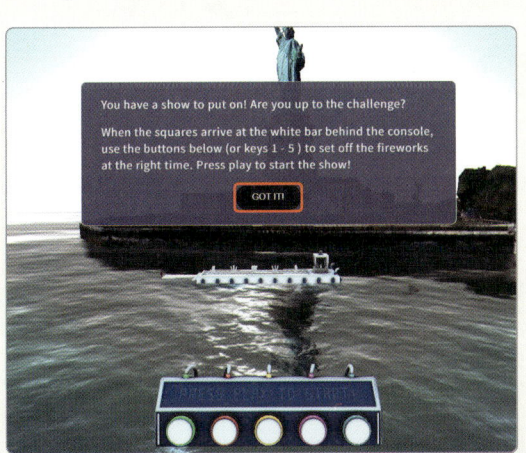

03 ✦ <GOT IT!> 클릭

04 ✦ 플레이(▶) 클릭

05 ✦ 색상에 맞추어 원을 클릭

> **TIP 게임 방법**
> 색상별(초록, 빨강, 노랑, 분홍, 파랑)로 사각형 모양이 아래로 내려오면 같은 색의 원을 클릭해요.

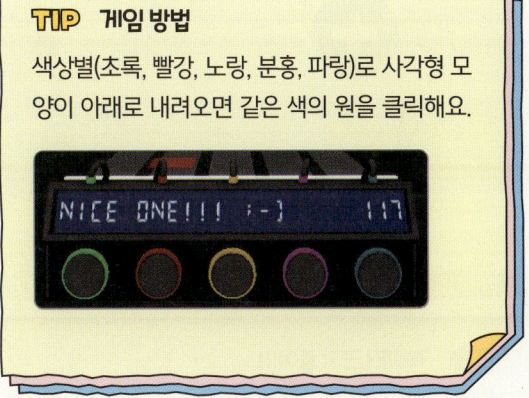

CHAPTER 05. 모기를 잡아라!

STEP 01 배경 및 캐릭터를 삽입해요.

01 어린이 스크래치를 실행하여 **새 프로젝트**(➕)를 클릭해요. **배경 바꾸기**(🖼️)를 클릭하여 **침실**을 삽입해요.

02 **냥이** 캐릭터를 삭제한 후 ➕를 클릭해요. 캐릭터 목록에서 **모기**를 선택하여 삽입해요.

03 캐릭터 크기를 줄인 후 격자를 이용하여 **모기**의 위치를 **가로(3)-세로(7)**로 변경해요.

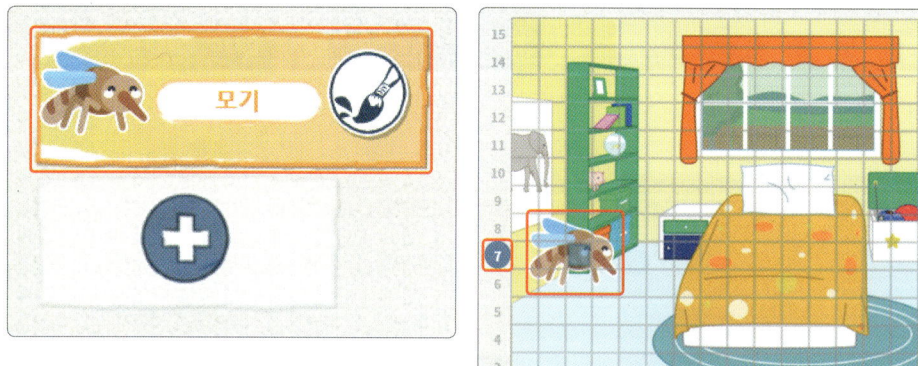

> **TIP 캐릭터 크기 줄이기**
> 모양 블록(🔒)에서 작게 하기(🟪)를 블록 조립 영역으로 드래그한 후 블록을 두 번 눌러 주세요.

STEP 02 모기가 방안을 빠른 속도로 계속 이동해요.

01 **시작 블록**(🟡)에서 **시작**(🚩)을 블록 조립 영역으로 드래그해요. 빠르게 이동하기 위해 **제어 블록**(🟠)에서 **속도 조절**(🏃)을 연결한 후 **빠르게**(🏃)로 변경해요.

02 **이동 블록**(➡️)에서 **오른쪽으로 이동**(⏩)과 **제어 블록**(🟠)에서 **반복 하기**(🔁)를 연결한 후 블록 2개 모두 값을 **2**로 변경해요.

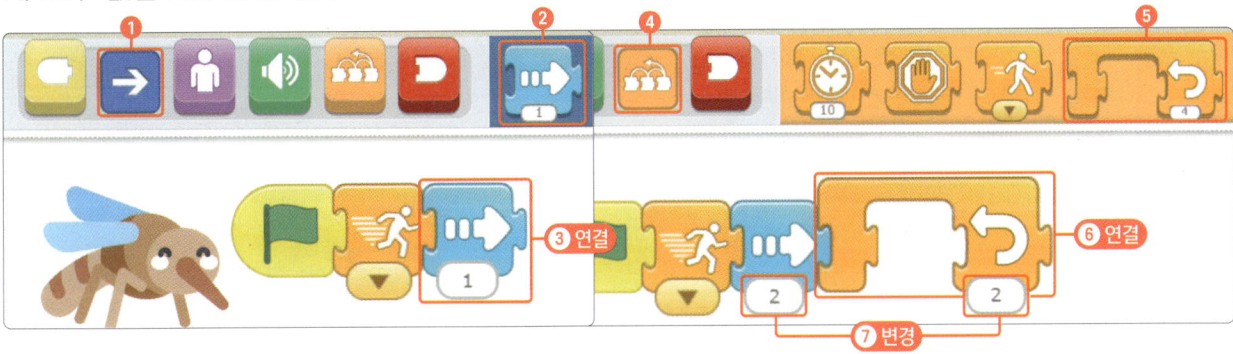

03 오른쪽으로 이동 후 2번 회전하기 위해 **이동 블록**(➡️)에서 **오른쪽으로 회전**(↻)과 **왼쪽으로 회전**(↺)을 안쪽에 끼워 넣어요.

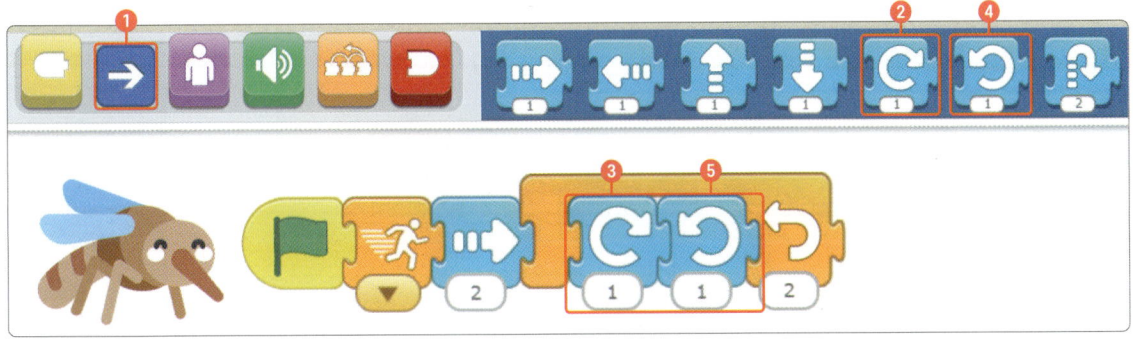

> **TIP** 회전 블록(↻, ↺)
> 회전 블록의 값이 1이면 캐릭터를 30도 회전시키며, 값이 12이면 한 바퀴를 회전해요.

CHAPTER 05. 모기를 잡아라! **39**

04 모기가 오른쪽으로 계속 이동하도록 **종료 블록**(　)에서 **무한 반복하기**(　)를 연결해요.

STEP 03 모기를 클릭하면 사라지게 만들어요.

01 **시작 블록**(　)에서 **모기 탭하면 시작**(　)을 블록 조립 영역으로 드래그해요. **이동 블록**(　)에서 오른쪽으로 회전(　)을 연결한 후 값을 12로 변경해요.

02 모기를 클릭하면 한 바퀴 회전 후 모양을 숨기기 위해 **모양 블록**(　)에서 **숨기기**(　)를 연결해요.

03 코드 작업이 끝나면 스테이지 위쪽의 **녹색 깃발**(　)을 클릭하여 이동하는 모기를 마우스로 클릭해 보세요. 모든 작업이 끝나면 프로젝트 이름(홍길동_모기)을 변경해요.

1. 모기를 1개 더 추가하여 **가로(10)-세로(7)** 위치로 드래그한 후 크기를 한 번 줄여요.
2. 모기가 위쪽으로 계속 이동하며, 클릭했을 때 한 바퀴 회전 후 사라지도록 아래 그림처럼 코드를 작성해요.
3. 녹색 깃발(🚩)을 클릭하여 이동하는 모기를 클릭해 보세요.

창의 그림 퀴즈 놀이

✱ 캐치마인드 그림과 힌트를 살펴보고, 정답을 알맞게 작성해 보아요!

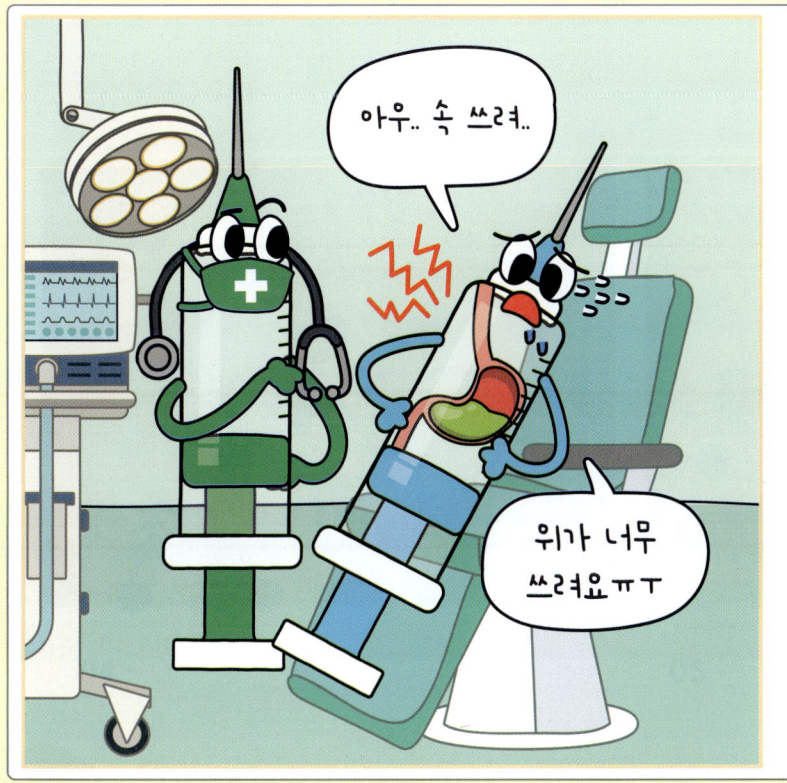

정답

HINT

약	모	돼	위
터	사	반	캐
의	주	국	병

CHAPTER 05. 모기를 잡아라!

즐거운 할로윈 축제

- 구글 두들 할로윈을 이용하여 마우스 드래그를 연습할 수 있어요.
- 특정 캐릭터로 메시지를 보내면 메시지 색상을 확인한 후 코드를 실행할 수 있어요.

+ 실습 및 완성 파일 + 【Chapter 06】 폴더

AI + 인터넷 놀이터

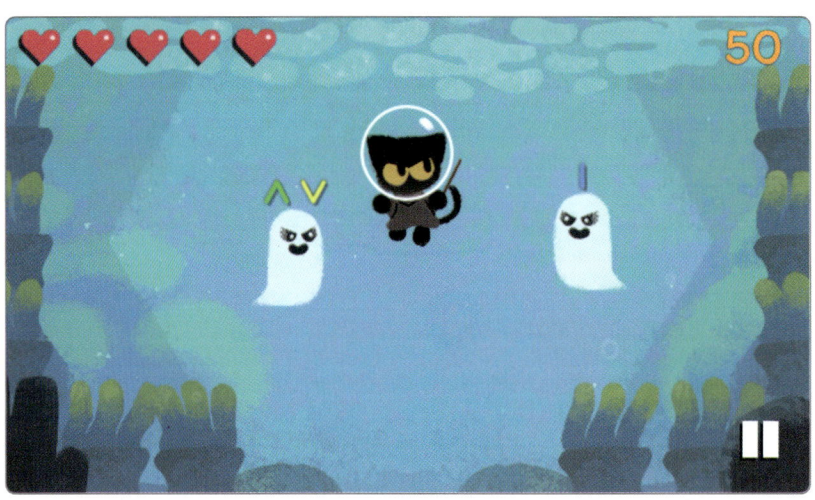

어린이 스크래치

AI + 인터넷 놀이터

01 ✦ 구글 두들 실행 후 ▶ 클릭

02 ✦ ▶ 클릭

03 ✦ ▶| 클릭

04 ✦ 튜토리얼 내용을 참고하여 마우스를 드래그

05 ✦ 유령 머리 위의 표시 모양과 똑같이 드래그

TIP 게임 방법

유령 머리 위에 표시된 다양한 모양(∧, ∨, —, ㅣ)을 마우스로 드래그하여 똑같이 그리면 해당 유령이 사라져요.

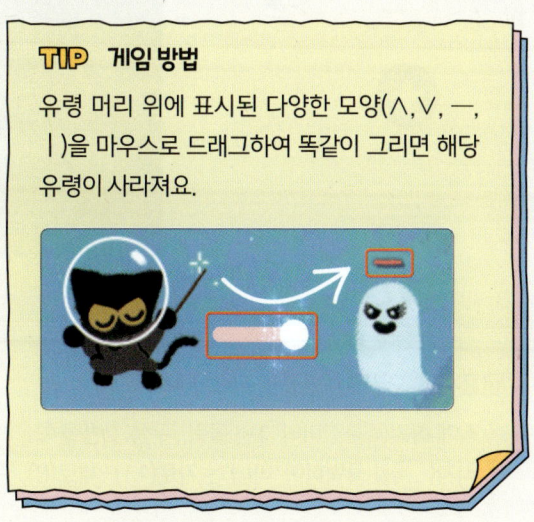

CHAPTER 06. 즐거운 할로윈 축제

STEP 01 배경 및 캐릭터를 삽입해요.

01 어린이 스크래치를 실행하여 **새 프로젝트**(➕)를 클릭해요. **배경 바꾸기**(🏞)를 클릭하여 **호수**를 삽입해요.

02 **냥이** 캐릭터를 삭제한 후 ➕를 클릭해요. 캐릭터 목록에서 **마녀**를 선택하여 삽입해요.

03 똑같은 방법으로 **구름**을 추가한 후 크기를 줄여 아래 그림처럼 위치를 변경해요.

TIP 캐릭터 크기 변경 및 좌표 위치

① 작게 하기(🟪) : '마녀' 1번 클릭, '구름' 2번 클릭
② 격자(⬜)를 클릭하여 '마녀'는 가로(11)-세로(8), '구름'은 가로(2)-세로(15) 위치로 드래그해요.

STEP 02 색상에 맞추어 메시지를 보내요.

01 마녀를 선택한 후 **시작 블록**( )에서 **시작**( )을 블록 조립 영역으로 드래그해요. **모양 블록**( )에서 **말하기**( )를 연결한 후 **구름아~**로 변경해요.

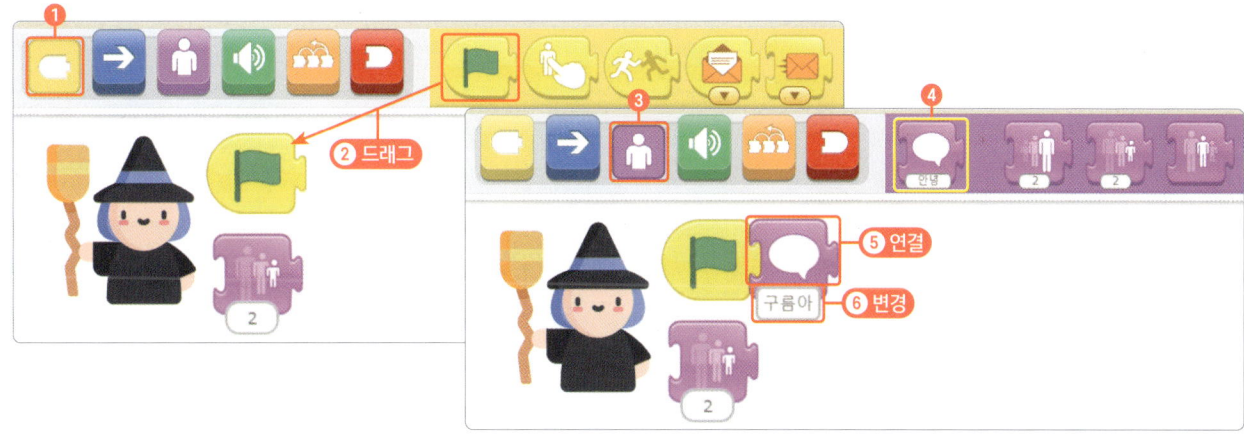

02 특정 캐릭터로 메시지를 보내기 위해 **시작 블록**( )에서 **메시지 보내기**( )를 연결한 후 **보라색**으로 변경해요.

TIP 메시지 보내기( ) 및 메시지가 오면 시작( )

① 메시지 보내기는 다른 캐릭터로 메시지를 보내는 기능으로 총 6개의 색상으로 구분하여 보낼 수 있어요.
② 메시지가 오면 시작은 색상에 맞는 메시지를 받았을 때 뒤쪽에 연결된 블록을 실행할 수 있어요.
③ '메시지 보내기'와 '메시지가 오면 시작'은 항상 같이 사용해야 해요.

▲ '마녀'가 '구름'으로 보라색 메시지를 보냄   ▲ 보라색 메시지가 오면 '네~'라고 대답함

STEP 03 메시지를 받았을 때 코드를 실행해요.

01 구름을 선택하여 **시작 블록**( )에서 **메시지가 오면 시작**( )을 블록 조립 영역으로 드래그한 후 **보라색**으로 변경해요.

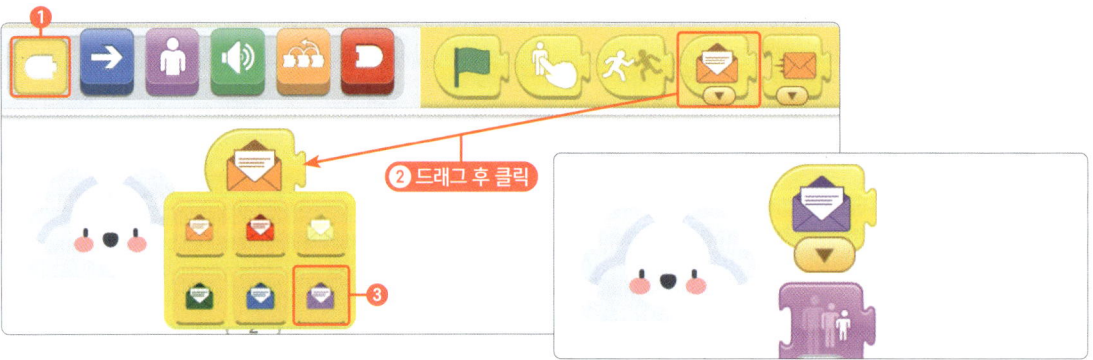

02 **제어 블록**( )에서 **반복 하기**( )를 연결하여 값을 **9**로 변경한 후 **이동 블록**( )에서 **오른쪽으로 이동**( )을 안쪽에 끼워 넣어요.

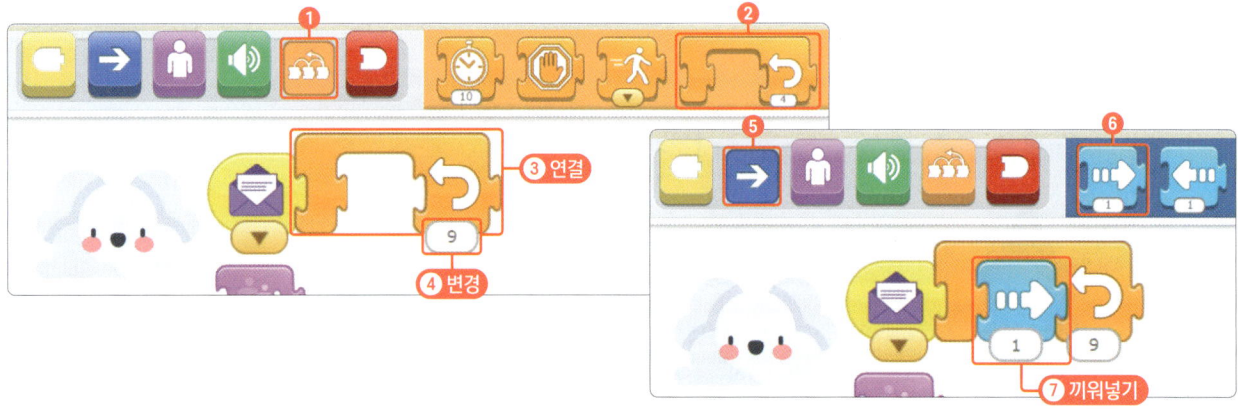

03 똑같은 방법으로 아래 그림처럼 코드를 추가한 후 맨 뒤쪽에 **빨간색 메시지 보내기** 블록을 연결해요.

> **TIP** 병행 처리(2개의 코드를 동시에 실행)
> 구름이 보라색 메시지를 받으면 2개의 코드(오른쪽 이동, 아래쪽 이동)가 동시에 실행되어 대각선 방향으로 이동해요.

04 코드 작업이 끝나면 스테이지 위쪽의 **녹색 깃발**( )을 클릭하여 결과를 확인한 후 프로젝트 이름(홍길동_할로윈)을 변경해요.

① **초승달**을 추가하여 위치를 변경한 후 크기를 줄이고 보이지 않게 지정해요.
② **빨간색 메시지를 받았을 때** 모양이 보이고 말을 하도록 그림처럼 코드를 추가해요.
③ **녹색 깃발(🏁)**을 클릭하여 캐릭터가 차례대로 메시지를 보내고 받는지 확인해요.

✱ 부록으로 제공되는 스티커를 활용해, 규칙에 맞추어 알맞은 그림을 배치해 보아요!

CHAPTER 06. 즐거운 할로윈 축제

CHAPTER 07 점프 슛

- 구글 두들 농구를 이용하여 마우스 클릭을 연습할 수 있어요.
- 소리 블록을 이용하여 특정 소리를 낼 수 있으며, 일정한 시간을 기다릴 수 있어요.

+ 실습 및 완성 파일 + **[Chapter 07] 폴더**

AI + 인터넷 놀이터

어린이 스크래치

AI + 인터넷 놀이터

Basketball 2012

01 ✦ 구글 두들을 실행한 후 화면을 클릭

02 ✦ ▶ 클릭

03 ✦ 마우스 왼쪽 버튼을 1~2초 정도 누르고 있다가 손을 떼면 농구공이 날아감

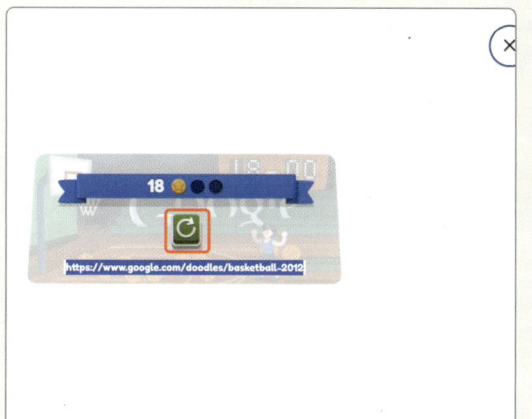

TIP 게임 방법

마우스 왼쪽 버튼을 길게 눌러 힘을 조절할 수 있어요. 골인 개수가 늘어날수록 선수 위치가 조금씩 뒤로 이동되기 때문에 힘 조절이 중요해요.

04 ✦ 골인 개수를 확인한 후 다시 실행을 클릭

CHAPTER 07. 점프 슛 **49**

STEP 01 배경 및 캐릭터를 삽입해요.

01 어린이 스크래치를 실행하여 **새 프로젝트**(➕)를 클릭해요. **배경 바꾸기**(🖼)를 클릭하여 **체육관**을 삽입해요.

02 **냥이** 캐릭터를 삭제한 후 ➕를 클릭해요. 캐릭터 목록에서 **얼간이**를 선택하여 삽입해요.

03 똑같은 방법으로 **농구공**을 추가한 후 크기를 줄여 아래 그림처럼 위치를 변경해요.

TIP 캐릭터 크기 변경 및 좌표 위치
① 작게 하기(▪) : '얼간이' 1번 클릭, '농구공' 3번 클릭
② 격자(□)를 클릭하여 '얼간이'는 가로(9)-세로(8), '농구공'은 가로(11)-세로(6) 위치로 드래그해요.
  - 농구공은 최대한 얼간이 쪽으로 붙여서 위치를 변경해요.

STEP 02 농구공을 튕길 때마다 0.5초 간격으로 소리가 나요.

01 농구공을 선택한 후 **시작 블록**( )에서 **시작**( )을 블록 조립 영역으로 드래그해요. **제어 블록**( )에서 **반복 하기**( )를 연결한 후 값을 **8**로 변경해요.

02 농구공이 튕길 때마다 소리를 내기 위해 **소리 블록**( )에서 **팝 재생**( )을 안쪽에 끼워 넣어요.

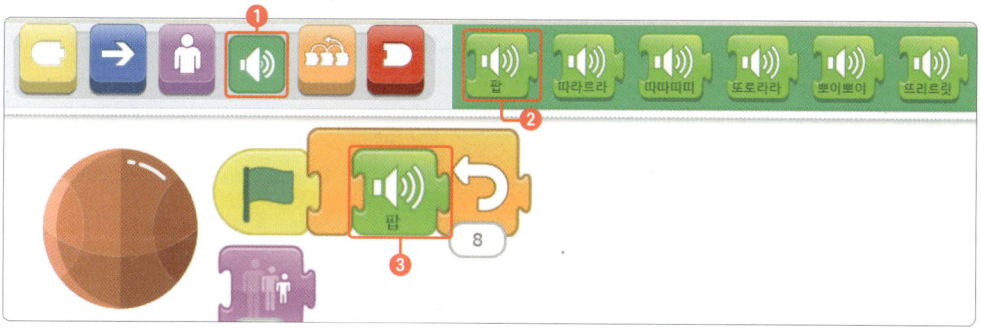

03 팝 소리를 0.5초 간격으로 재생하기 위해 **제어 블록**( )에서 **기다리기**( )를 끼워 넣은 후 값을 **5**로 변경해요.

> **TIP** 기다리기 시간
>
> 기다리기( ) 블록에서 값 10은 1초(20=2초, 30=3초, 40=4초...)를 의미해요. 5는 10의 절반이기 때문에 소리 재생 후 0.5초를 기다려요.

04 농구공을 회전시키기 위해 **시작**(🏁), **반복 하기**( ), **오른쪽으로 회전**( )을 이용하여 아래 그림처럼 코드를 작성한 후 반복 값을 **99**로 변경해요.

STEP 03 농구공을 골대 안으로 골인시켜요.

01 농구공을 10번 튕기기 위해 **시작**(🏁)과 **반복 하기**( )를 연결한 후 값을 **10**으로 변경해요. 이어서, **이동 블록**(→)에서 **점프**( )를 안쪽에 끼워 넣어요.

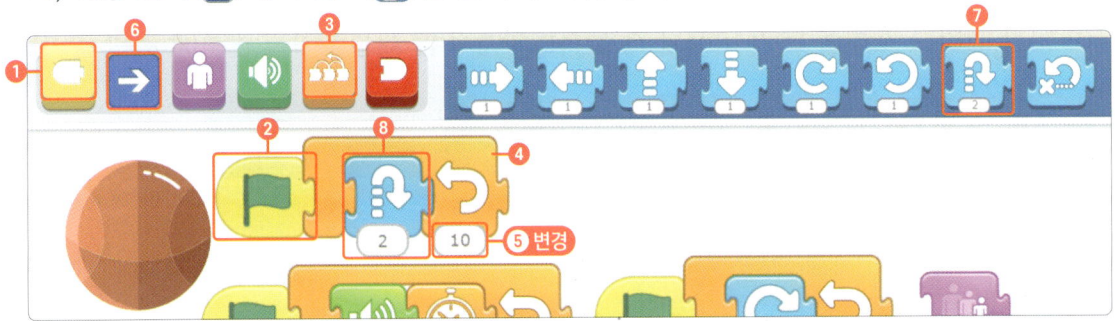

02 얼간이가 점프하여 슛을 하면 농구공이 골대로 이동하도록 **위로 이동**( ), **오른쪽으로 이동**( ), **아래로 이동**( ) 블록을 연결한 후 값을 변경해요.

03 코드 작업이 끝나면 스테이지 위쪽의 **녹색 깃발**(🏁)을 클릭하여 결과를 확인한 후 프로젝트 이름(홍길동_농구)을 변경해요.

52 어린이 스크래치

❶ 농구공에 맞추어 얼간이가 점프를 할 수 있도록 기다리는 시간(8초)을 지정하여 아래 그림처럼 코드를 추가해요.
❷ **녹색 깃발(🚩)**을 클릭하여 얼간이가 점프하면 농구공도 함께 위로 올라오는지 확인해 보세요.

✱ 부록으로 제공되는 스티커를 활용해, 에도쿠 퍼즐을 완성해 보아요!

게임규칙

◀ STEP 01 ▶
표의 가로 줄에
똑같은 그림을 배치하지 않아요.

◀ STEP 02 ▶
표의 세로 줄에
똑같은 그림을 배치하지 않아요.

◀ STEP 03 ▶
빈 칸에 들어갈
스티커를 찾아 붙여주세요.

CHAPTER 08

계절의 변화

- 원하는 이미지를 업로드 한 후 퍼즐로 만들어 조립할 수 있어요.
- 페이지를 추가하여 코드를 작성한 후 원하는 페이지로 이동시킬 수 있어요.

+ 실습 및 완성 파일 + 【Chapter 08】 폴더

AI + 인터넷 놀이터

어린이 스크래치

AI + 인터넷 놀이터

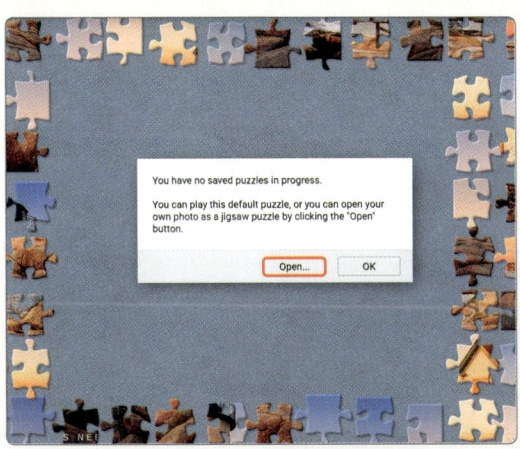

01 직소 퍼즐 사이트가 열리면 이미지를 업로드하기 위해 <Open> 클릭

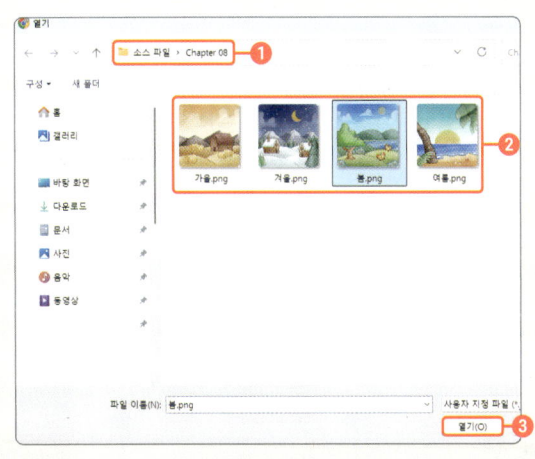

02 [Chapter 08] 폴더에서 원하는 이미지를 선택한 후 <열기> 클릭

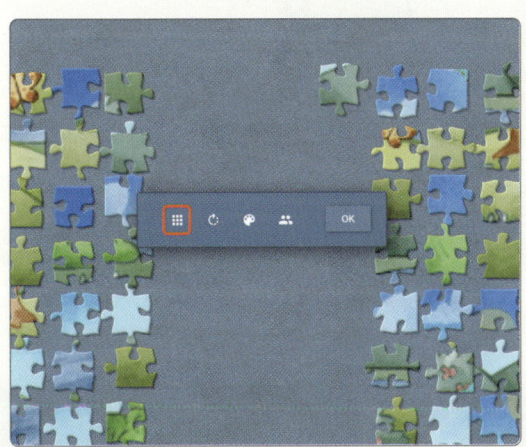

03 퍼즐 조각을 지정하기 위해 ▦ 클릭

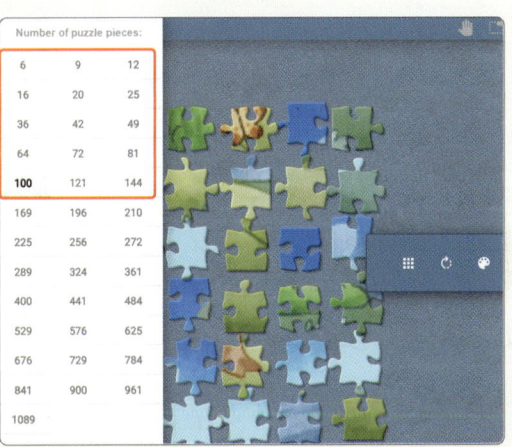

04 왼쪽 목록에서 원하는 퍼즐 조각 개수를 선택

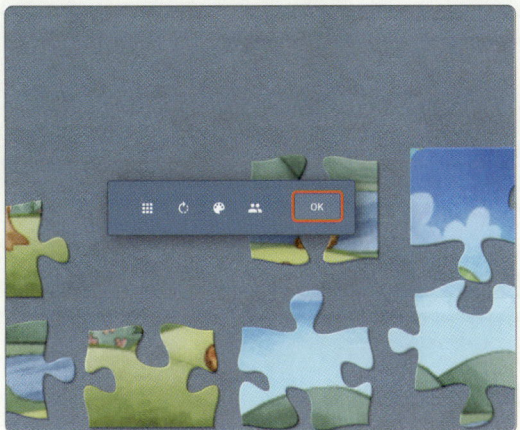

05 <OK>를 클릭하여 퍼즐 조각 맞추기

TIP 힌트 보기

상단 메뉴에서 🖼를 클릭하면 원본 이미지를 확인할 수 있어요.

STEP 01 페이지를 추가한 후 배경을 삽입해요.

01 어린이 스크래치를 실행하여 첫 번째 페이지에 **봄** 배경을 삽입한 후 ⊕를 클릭하여 페이지를 추가해요.

02 두 번째 페이지에 **여름** 배경을 삽입한 후 페이지 2개를 추가해요. 추가된 페이지에 **가을**과 **겨울** 배경을 삽입한 후 모든 페이지의 **냥이** 캐릭터를 삭제해요.

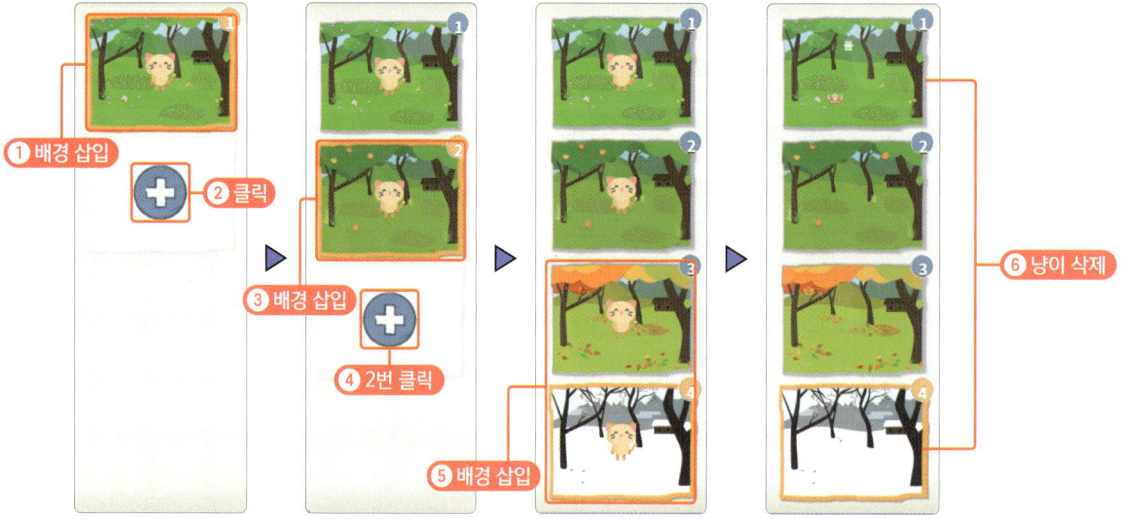

03 첫 번째 페이지에 **나비**를 삽입한 후 아래 그림을 참고하여 크기를 줄이고 위치를 변경해요.

04 **텍스트 넣기**(🖼)를 클릭하여 **봄**을 입력한 후 색상(✋)을 **흰색**으로 변경해요. 텍스트가 삽입되면 아래 그림을 참고하여 위치를 변경해요.

05 나비가 좌-우로 2번 반복하여 움직이도록 아래 그림처럼 블록을 연결한 후 값을 변경해요.

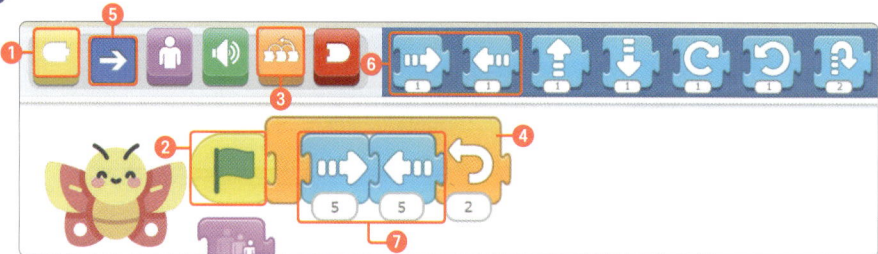

56 어린이 스크래치

06 반복이 끝나면 2페이지로 이동하기 위해 **종료 블록(🔴)**에서 **2페이지로 이동(🟩)**을 연결해요.

STEP 02 페이지마다 캐릭터를 추가한 후 코드를 작성해요.

01 페이지 목록에서 **2페이지**를 선택해요. 캐릭터 그림을 편집하여 삽입하기 위해 **오렌지**를 선택한 후 **그림 편집기(🖌)**를 클릭해요.

02 그림 편집기에서 **잘라내기(✂)**를 선택해요. 도구가 선택되면 오렌지 조각 및 음영을 클릭하여 삭제한 후 **저장 버튼(✔)**을 클릭해요.

03 오렌지 크기를 두 번 줄인 후 **가로(15)-세로(14)** 위치로 이동시켜요. 오렌지가 땅으로 떨어지면 3페이지로 이동하도록 아래 그림처럼 블록을 연결한 후 값을 변경해요.

CHAPTER 08. 계절의 변화 **57**

04 **텍스트 넣기**( )를 클릭하여 **여름**을 입력한 후 색상( )을 **흰색**으로 변경해요. 아래 그림을 참고하여 텍스트 위치를 변경해요.

05 페이지 목록에서 **3페이지**를 선택해요. 캐릭터 그림을 편집하여 삽입하기 위해 **잎**을 선택한 후 **그림 편집기**( )를 클릭하여 **채우기**( )로 색을 변경해요.

06 잎의 크기를 세 번 줄인 후 **가로(4)-세로(12)** 위치로 이동시켜요. 잎이 땅으로 떨어지면 4페이지로 이동하도록 아래 그림처럼 블록을 연결한 후 값을 변경해요.

07 **텍스트 넣기**( )를 클릭하여 **가을**을 입력한 후 색상( )을 **흰색**으로 변경해요. 아래 그림을 참고하여 텍스트 위치를 변경해요.

08 코드 작업이 끝나면 **1페이지**를 선택해요. 스테이지 위쪽의 **녹색 깃발**( )을 클릭하여 결과를 확인한 후 프로젝트 이름(홍길동_계절)을 변경해요.

① 4페이지에 **곰**을 추가하여 **가로(1)-세로(4)** 위치로 이동시켜요.
② 곰이 오른쪽으로 이동한 후 점프하고 말하도록 아래 그림처럼 코드를 작성해요.
③ 텍스트 넣기로 **겨울**을 추가한 후 색상(흰색)과 위치를 변경해요.
④ 1페이지를 선택한 후 **녹색 깃발**(▶)을 클릭하여 결과를 확인해요.

✳ 캐치마인드 그림과 힌트를 살펴보고, 정답을 알맞게 작성해 보아요!

정답

HINT

가	무	개	늘
들	나	묵	고
판	강	양	보

CHAPTER 08. 계절의 변화

점프하는 여우원숭이

- 구글 이미지 검색을 이용하여 사진으로 원하는 정보를 확인할 수 있어요.
- 여우원숭이가 점프하여 바나나에 닿았을 때 캐릭터를 사라지게 할 수 있어요.

+ 실습 및 완성 파일 + **[Chapter 09] 폴더**

AI + 인터넷 놀이터

어린이 스크래치

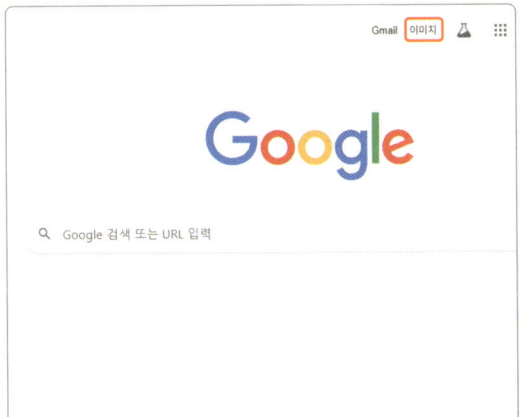

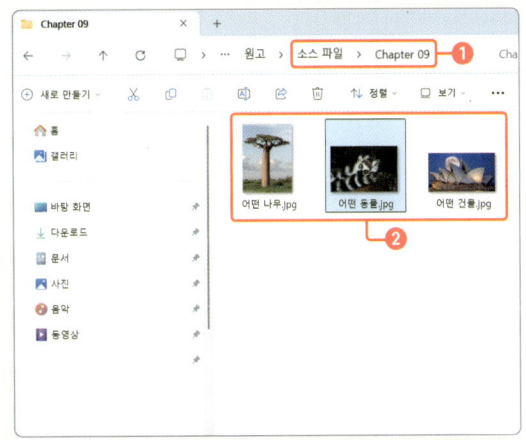

01 ◆ 구글 크롬을 실행한 후 [이미지]를 클릭

02 ◆ [Chapter 09] 폴더에서 3개의 사진을 확인

03 ◆ '어떤 동물' 사진을 구글 크롬으로 드래그

04 ◆ 이미지로 검색된 정보를 확인

05 ◆ 같은 방법으로 '어떤 나무' 사진 정보를 확인

06 ◆ 같은 방법으로 '어떤 건물' 사진 정보를 확인

CHAPTER 09. 점프하는 여우원숭이 **61**

STEP 01 배경 및 캐릭터를 삽입한 후 여우원숭이에 코드를 작성해요.

01 어린이 스크래치를 실행하여 **정글** 배경을 삽입해요. **냥이** 캐릭터를 삭제한 후 **여우원숭이**와 **바나나**를 삽입해요. 단, **여우원숭이**는 이미지를 편집하여 저장해요.

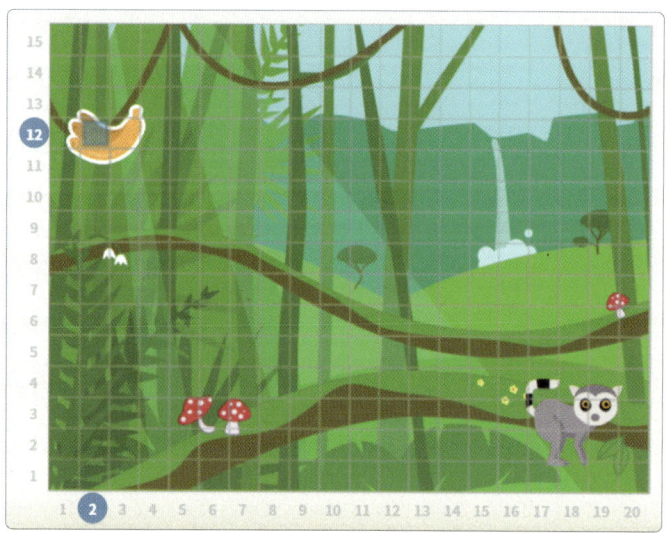

TIP 캐릭터 크기 변경 및 좌표 위치
① 작게 하기( ) : '여우원숭이' 1번 클릭
② 좌표 위치( ) : '여우원숭이'는 가로(18)-세로(3), '바나나'는 가로(2)-세로(12)

TIP 여우원숭이 이미지 편집( )
① 여우원숭이가 삽입된 상태에서는 캐릭터 옆에 있는 그림 편집기( )를 클릭해요.

② 색을 검정( )으로 변경한 후 채우기( )를 선택하여 눈과 꼬리를 클릭해요.

 ▶

③ 원 모양( )과 색( )을 선택해요. 눈 근처에서 Shift 를 누른 채 드래그한 후 채우기( )를 클릭하여 색을 채워요.
④ 똑같은 방법으로 원 모양( )을 이용하여 검정색으로 눈동자를 그려요.

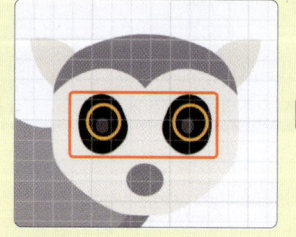 ▶  ▶

02 **녹색 깃발(🚩)**을 클릭했을 때 여우원숭이가 왼쪽으로 14번 반복하여 이동하도록 블록을 연결한 후 값을 변경해요.

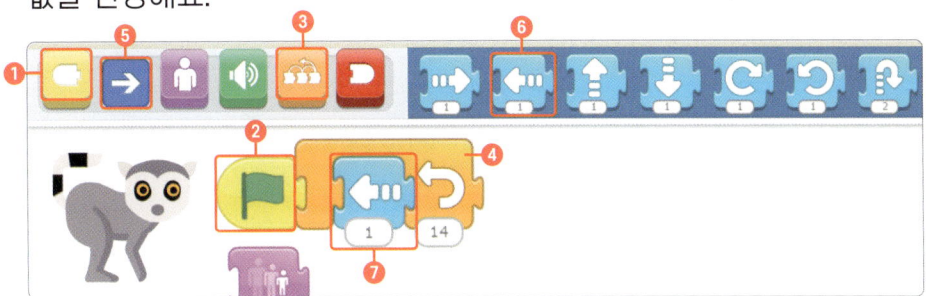

03 여우원숭이가 방향을 바꿔 오른쪽으로 14번 반복하여 이동하도록 블록을 연결한 후 값을 변경해요.

04 왼쪽과 오른쪽 이동을 무한 반복할 수 있도록 블록을 연결해요.

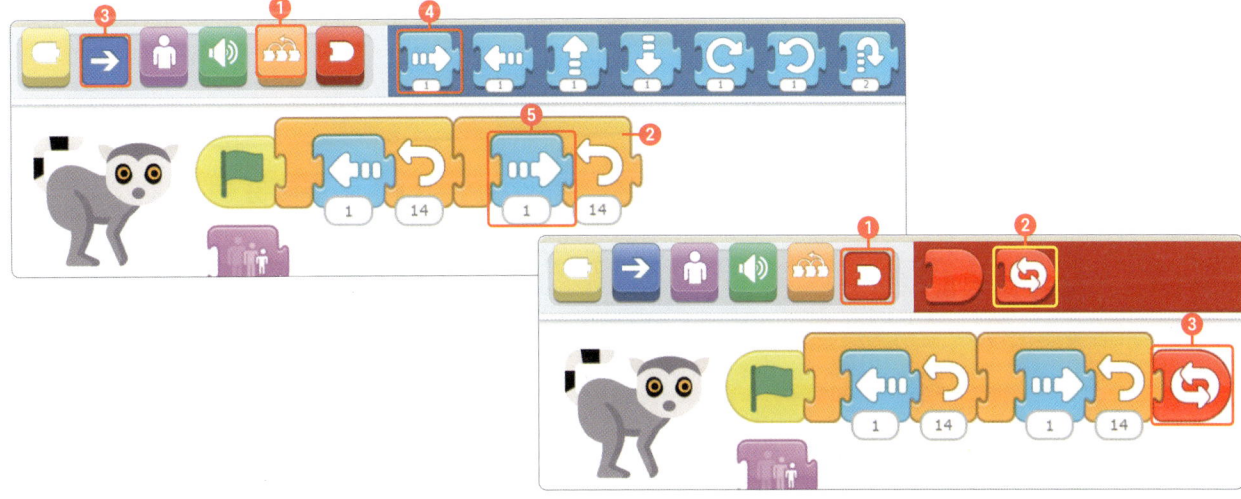

05 여우원숭이를 클릭하면 높이 점프할 수 있도록 블록을 연결한 후 값을 변경해요.

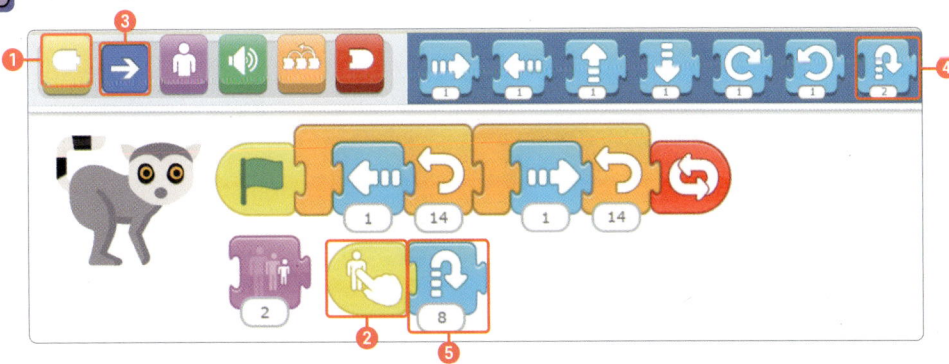

STEP 02 바나나를 선택하여 코드를 작성해요.

01 **녹색 깃발(🚩)**을 클릭했을 때 바나나가 빠른 속도로 오른쪽으로 이동하도록 블록을 연결해요.

CHAPTER 09. 점프하는 여우원숭이 **63**

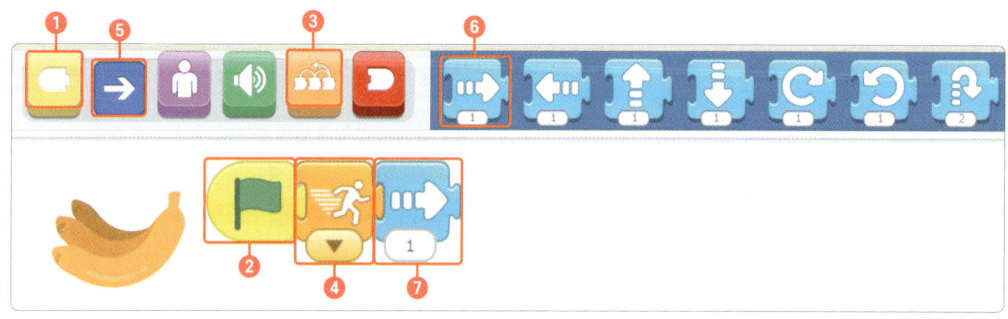

02 바나나가 오른쪽으로 무한 반복하여 이동하도록 블록을 연결해요.

03 바나나가 여우원숭이에 닿으면 모양을 숨기고 '또잉' 소리를 내도록 블록을 연결해요.

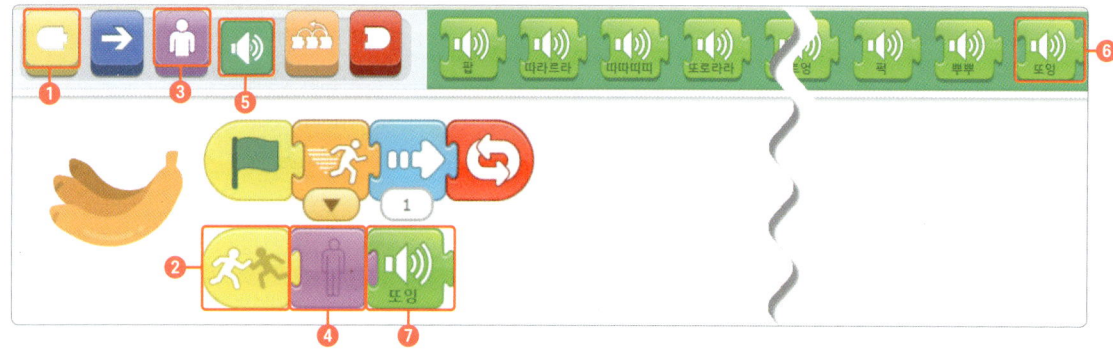

04 모양을 숨긴 바나나가 1초 뒤에 다시 보이도록 블록을 연결해요.

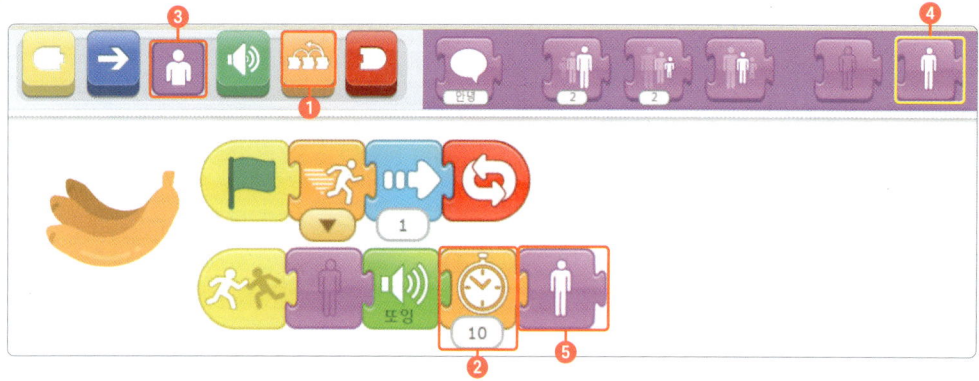

05 코드 작업이 끝나면 **녹색 깃발(🏁)**을 클릭하여 바나나가 근처에 왔을 때 여우원숭이를 클릭해요. 결과 확인이 끝나면 프로젝트 이름(홍길동_여우원숭이)을 변경해요.

64 어린이 스크래치

❶ 바나나에 여우원숭이가 닿았을 때 소리를 낸 후 **초록 메시지**를 보내도록 블록을 중간에 추가해요.

❷ 여우원숭이가 초록 메시지를 받았을 때 **맛있다~** 라고 말하도록 코드를 추가해요.

❸ **녹색 깃발**(🏁)을 클릭하여 여우원숭이가 바나나에 닿았을 때 '맛있다~'라고 말을 하는지 확인해요.

✿ 부록으로 제공되는 스티커를 활용해, 가로 세로 낱말을 완성해 보아요!

우주 악당을 물리쳐라!

- 구글 두들 스타트렉을 이용하여 우주 악당을 물리칠 수 있어요.
- 숨겨진 무기가 나타나서 악당을 향해 날아가게 할 수 있어요.

+ 실습 및 완성 파일 + [Chapter 10] 폴더

AI + 인터넷 놀이터

어린이 스크래치

AI + 인터넷 놀이터

01 ✦ 구글 두들을 실행한 후 화면을 클릭

02 ✦ 주변을 클릭하여 나가는 출구를 찾음

03 ✦ 주변을 클릭하여 우주 행성으로 공간이동

04 ✦ 주변 도구를 이용하여 우주 악당을 물리침

05 ✦ 우주선으로 복귀

CHAPTER 10. 우주 악당을 물리쳐라! **67**

STEP 01 배경 및 캐릭터를 삽입한 후 악당과 번개에 코드를 작성해요.

01 어린이 스크래치를 실행하여 **달** 배경을 삽입해요. **냥이** 캐릭터를 삭제하고 **악당, 불, 히로인, 히로인**(총 4개)을 삽입한 후 '히로인 1개 이미지'를 편집하여 '무기'로 만들어요.

TIP 캐릭터 크기 변경 및 좌표 위치
① 작게 하기( ) : '불' 1번 클릭
② 좌표 위치( ) : '악당'은 가로(19)-세로(3), '불'은 가로(16)-세로(3), '히로인'은 가로(3)-세로(3), '무기'는 가로(4)-세로(11)
※ 불의 위치는 악당과 닿지 않도록 조절해 주세요.

TIP 히로인 이미지 편집( )
① 잘라내기( )를 선택하여 손과 겹쳐진 분홍색 무기 모양을 제외한 나머지 모든 부분을 클릭해요.

② 이미지 편집이 끝나면 캐릭터 이름을 **무기**로 변경한 후 저장( )해요.

02 **악당**을 선택한 후 **녹색 깃발(🏁)**을 클릭했을 때 **넌 오늘 끝이다!**라고 말을 하도록 블록을 연결해요.

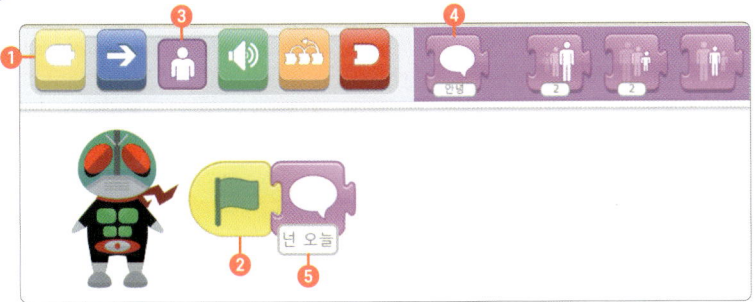

03 **불**을 선택한 후 **녹색 깃발(🏁)**을 클릭했을 때 1초 뒤에 15번 반복하도록 블록을 연결해요.

04 빠른 속도로 회전하면서 왼쪽으로 이동하다 반복이 끝나면 사라지도록 블록을 연결해요.

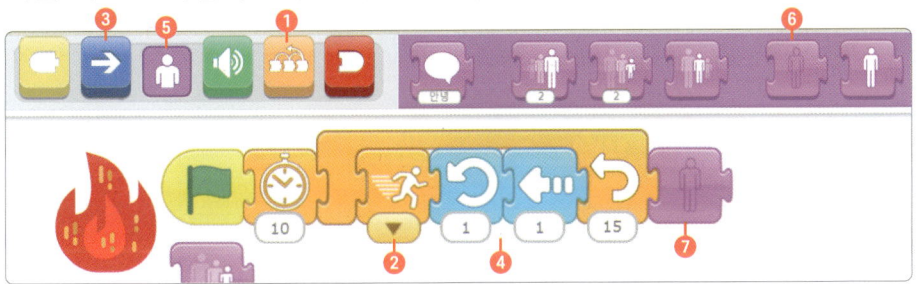

STEP 02 히어로인과 무기를 선택하여 코드를 작성해요.

01 **히어로인**을 선택한 후 **녹색 깃발(🏁)**을 클릭했을 때 2초 뒤에 위쪽으로 이동하도록 블록을 연결해요.

02 방향을 오른쪽으로 회전한 후 **펀치 발사**라고 말을 하도록 블록을 연결해요.

CHAPTER 10. 우주 악당을 물리쳐라! **69**

03 **무기**를 선택한 후 **숨기기**( )를 블록 조립 영역으로 드래그해요. 스테이지에 무기가 보이지 않도록 블록을 클릭해요.

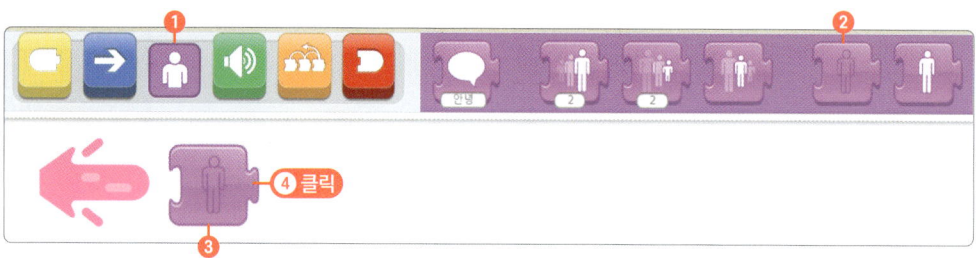

04 **녹색 깃발**( )을 클릭했을 때 오른쪽으로 회전한 후 4초 뒤에 무기가 보이도록 블록을 연결해요.

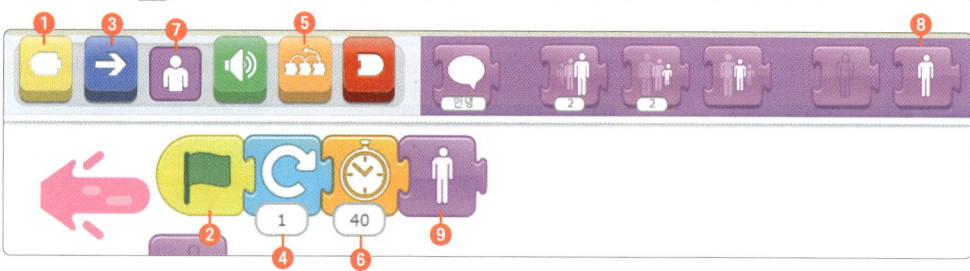

05 무기가 보이면 오른쪽과 아래쪽으로 7번 반복하여 이동하도록 블록을 연결해요.

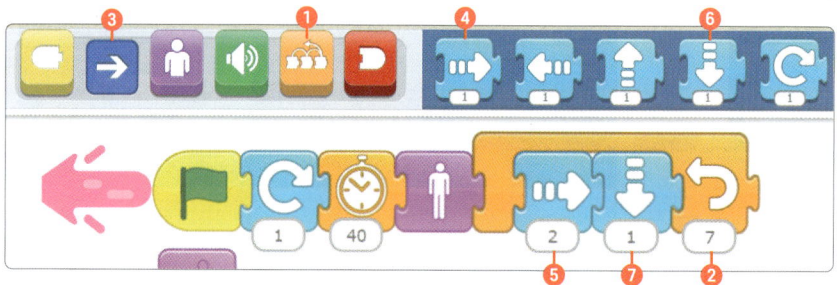

06 반복이 끝나면 '퍽' 소리와 함께 무기가 보이지 않도록 블록을 연결해요.

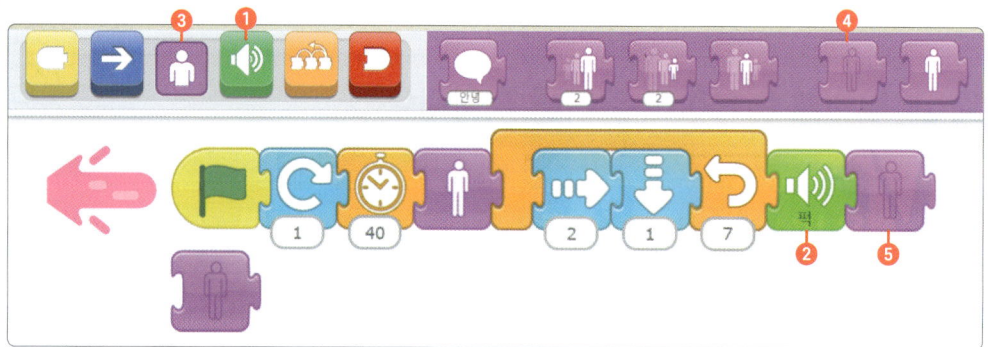

07 코드 작업이 끝나면 **녹색 깃발**( )을 클릭하여 무기가 악당에 닿는지 확인한 후 프로젝트 이름(홍길동_우주 악당)을 변경해요.

❶ 악당이 무기에 닿았을 때 **내가 지다니!**라고 말을 한 후 크기가 점점 작아지면서 사라지도록 아래 그림처럼 코드를 추가해요.

❷ **녹색 깃발(🏁)**을 클릭하여 악당이 무기에 닿았을 때 사라지는지 확인해요.

✱ 캐치마인드 그림과 힌트를 살펴보고, 정답을 알맞게 작성해 보아요!

정답		

HINT

타	똥	별	밤
별	노	발	뚱
랑	반	나	방

CHAPTER 10. 우주 악당을 물리쳐라!

CHAPTER 11

배고픈 바다거북

- 마우스 휠을 이용하여 바닷속 심해 생물을 탐사할 수 있어요.
- 바다거북이 대각선 방향으로 이동하다가 해파리에 닿으면 다음 페이지로 전환돼요.

+ 실습 및 완성 파일 + 【Chapter 11】 폴더

AI + 인터넷 놀이터

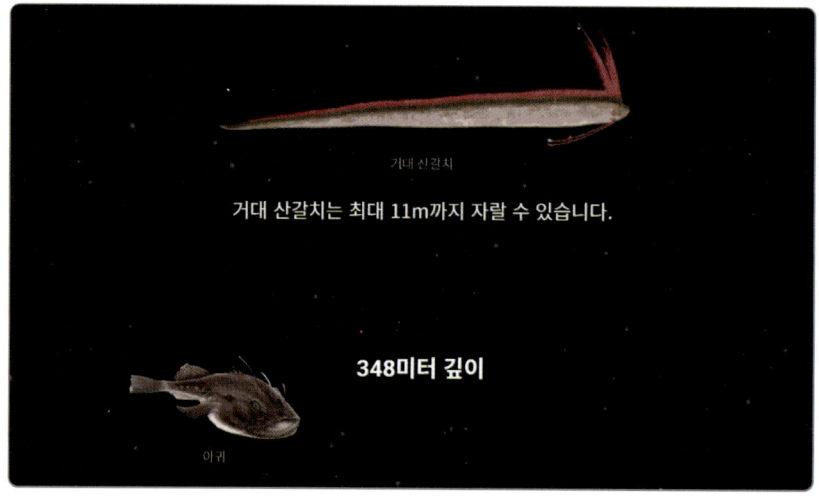

어린이 스크래치

AI + 인터넷 놀이터

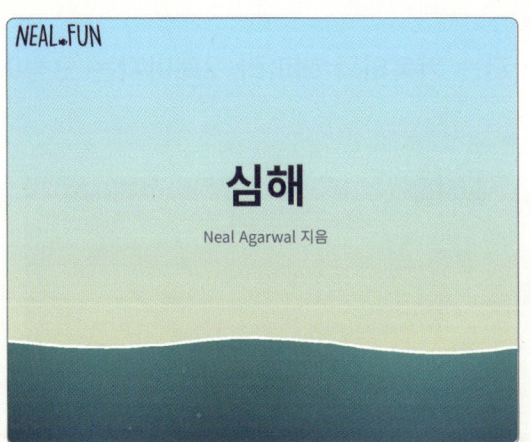

01 ✦ 심해 사이트에 접속

02 ✦ 언어 번역을 클릭하여 활성화

03 ✦ 마우스 휠을 굴려서 심해로 내려감

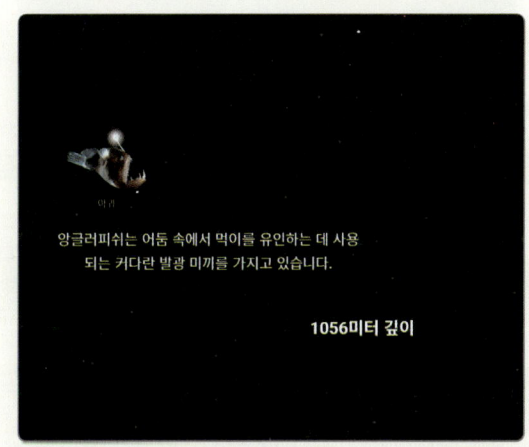

04 ✦ 바닷속 심해 생물 확인

> **TIP 깊이 변경**
>
> 한글로 번역된 상태에서는 심해 깊이가 변경되지 않기 때문에 <영어>로 변경하여 깊이를 확인한 후 다시 <한글>로 변경하여 내용을 확인하세요.

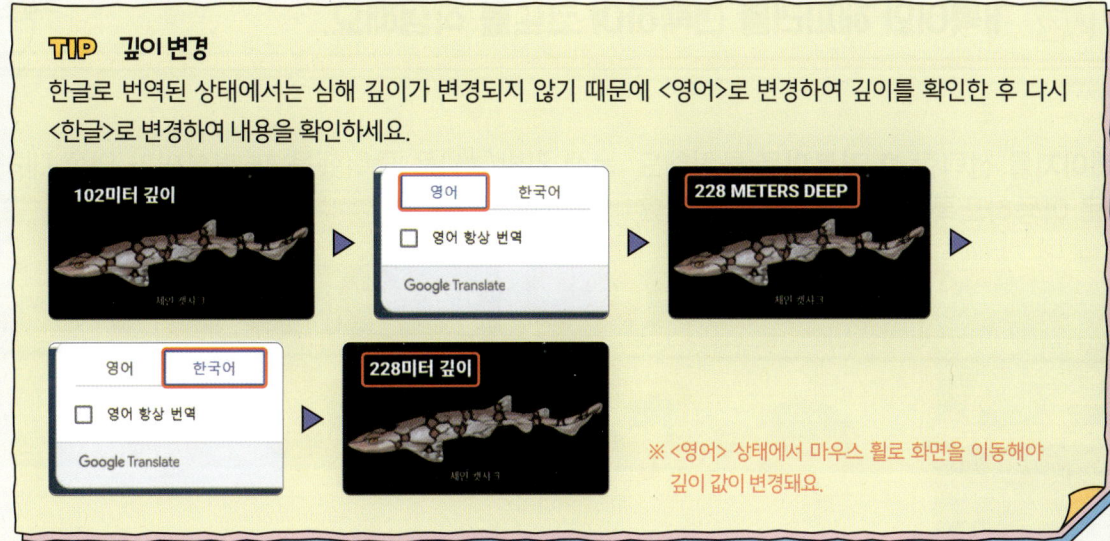

※ <영어> 상태에서 마우스 휠로 화면을 이동해야 깊이 값이 변경돼요.

CHAPTER 11. 배고픈 바다거북   73

STEP 01 배경 및 캐릭터를 삽입한 후 페이지를 추가해요.

01 어린이 스크래치를 실행하여 페이지(➕)를 추가해요. 1~2 페이지 모두 **물 속** 배경을 삽입하되 2페이지 물 속 배경은 '심해' 느낌이 나도록 이미지를 편집해요.

02 1~2 페이지 모두 **냥이** 캐릭터를 삭제한 후 **1페이지**는 **거북이**와 **해파리**, **2페이지**는 **오징어**를 삽입해요.

▲ 1페이지

▲ 2페이지

> **TIP** 배경 이미지 편집, 캐릭터 크기 변경, 좌표 위치
> ① 2페이지 배경 편집 : 채우기(🪣)를 이용하여 바다색을 진한 파랑으로 변경
> ② 작게 하기(🔽) : '해파리' 4번 클릭, '오징어' 3번 클릭
> ③ 좌표 위치(⬜) : '거북이'는 가로(4)-세로(3), '해파리'는 가로(16)-세로(14), '오징어'는 가로(20)-세로(15)

STEP 02 거북이와 해파리를 선택하여 코드를 작성해요.

01 **1페이지**를 선택한 후 **거북이**를 클릭해요. **녹색 깃발**(🚩)을 클릭했을 때 거북이가 위쪽 대각선 방향으로 이동하도록 2개의 코드를 작성해요.

74 어린이 스크래치

02 **녹색 깃발**(🏁)을 클릭했을 때 왼쪽으로 회전한 후 느린 속도가 되도록 블록을 연결해요.

03 해파리 근처로 갈 때 거북이의 크기를 줄여 원근감을 주기 위해 반복하기를 이용하여 0.5초 간격으로 크기가 점점 작아지도록 블록을 연결해요.

04 **해파리**를 선택한 후 **녹색 깃발**(🏁)을 클릭했을 때 좌-우로 무반 반복하여 흔들리도록 블록을 연결해요.

05 해파리가 거북이에 닿았을 때 모양을 숨기고 **2페이지**로 전환되도록 블록을 연결해요.

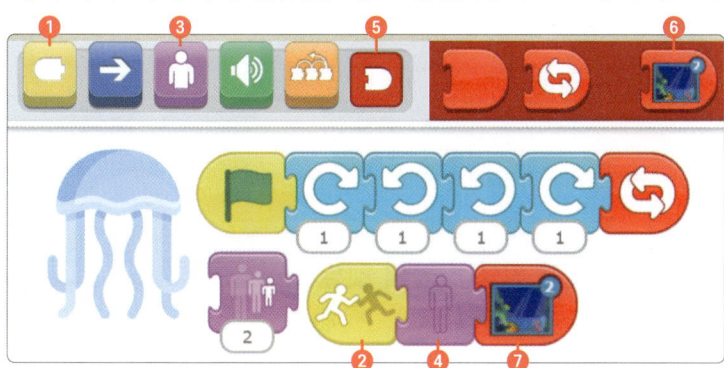

STEP 03 오징어를 선택하여 코드를 작성해요.

01 2페이지를 선택한 후 **오징어**를 클릭해요. **녹색 깃발**(🏁)을 클릭했을 때 오징어가 7번 반복하도록 블록을 연결해요.

02 점프를 하면서 화면 중앙으로 이동할 때 크기가 점점 커지도록 반복하기 안쪽에 블록을 끼워 넣어요.

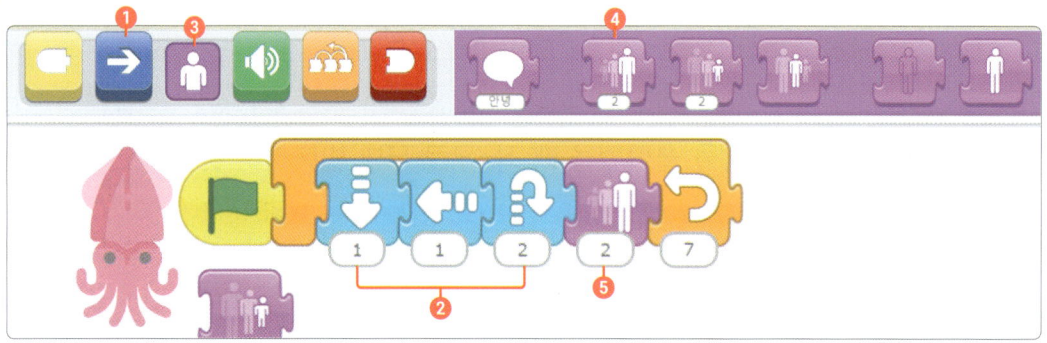

03 반복하기가 끝나면 **난 대왕오징어다!**라고 말을 하도록 블록을 연결해요.

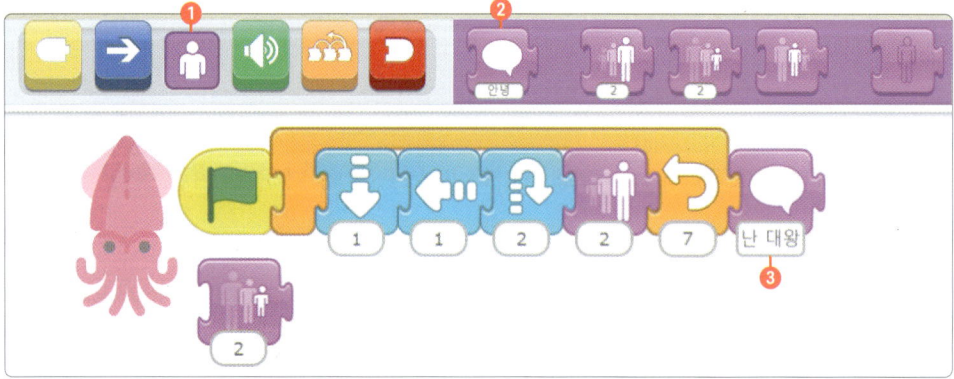

04 코드 작업이 끝나면 **1페이지**를 선택해요. 스테이지 위쪽의 **녹색 깃발**(🏁)을 클릭하여 결과를 확인한 후 프로젝트 이름(홍길동_바다거북)을 변경해요.

1. 1페이지에 **게**를 추가한 후 그림을 참고하여 크기를 줄이고 위치를 변경해요.
2. **녹색 깃발**(🚩)을 클릭하면 게가 회전하면서 왼쪽으로 무한 반복하여 이동하도록 아래 그림처럼 코드를 작성해요.
3. 1페이지에서 **녹색 깃발**(🚩)을 클릭하여 결과를 확인해요.

✳ 캐치마인드 그림과 힌트를 살펴보고, 정답을 알맞게 작성해 보아요!

정답

HINT

겨	이	소	늘
다	천	하	얼
울	방	수	빙

CHAPTER 11. 배고픈 바다거북

CHAPTER 12

나비 성장 과정

- 마우스로 그린 그림을 인공지능이 분석하여 이미지로 보여줘요.
- 2개의 페이지와 4개의 캐릭터를 이용하여 나비 성장 과정을 코드로 작성해요.

+ 실습 및 완성 파일 + 【Chapter 12】 폴더

AI + 인터넷 놀이터

 →

어린이 스크래치

AI + 인터넷 놀이터

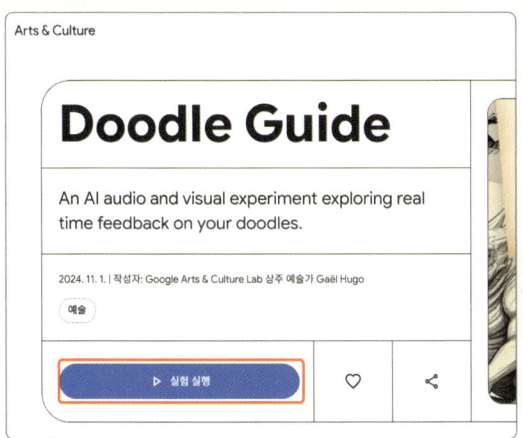

01 ✦ 구글 아트앤 컬쳐 실행 후 <실험 실행> 클릭

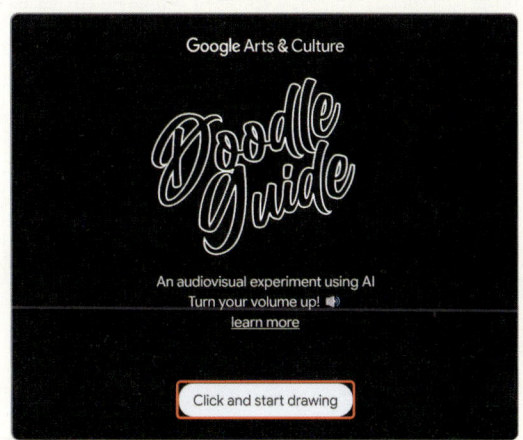

02 ✦ <Click and start drawing> 클릭

03 ✦ 마우스로 나비 모양을 그린 후 Enter

04 ✦ 해당 그림을 인공지능이 분석하여 이미지를 찾아줌

05 ✦ 같은 방법으로 다른 이미지 그리기

06 ✦ 해당 그림을 인공지능이 분석하여 이미지를 찾아줌

CHAPTER 12. 나비 성장 과정

STEP 01 배경 및 캐릭터를 삽입한 후 페이지를 추가해요.

01 어린이 스크래치를 실행하여 **꽃밭** 배경을 밤 느낌이 나도록 이미지를 편집한 후 삽입해요. **냥이** 캐릭터를 삭제한 후 **씨앗봉투**와 **애벌레**를 삽입해요. 단, **씨앗봉투**는 이미지를 편집하여 **알**로 만들어요.

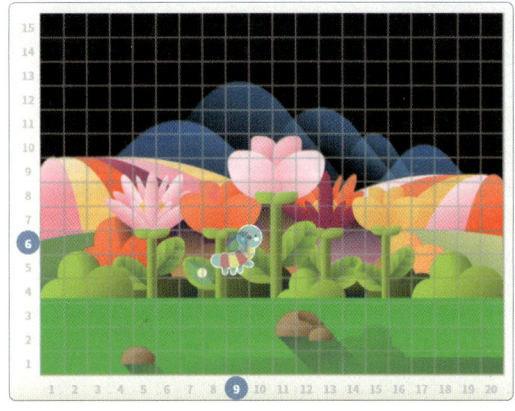

TIP 캐릭터 크기 변경 및 좌표 위치
① 작게 하기( ) : '애벌레' 3번 클릭
② 좌표 위치( ) : '알'은 가로(7)-세로(5), '애벌레'는 가로(9)-세로(6)

TIP 배경 및 캐릭터 이미지 편집 방법
① 배경 : 채우기( )를 이용하여 밤 느낌이 나도록 뒤쪽 색상을 검정색으로 변경하고, 잔디색도 진한색으로 변경
② 씨앗봉투 : 잘라내기( )를 이용하여 잎 모양만 남겨두고 모두 삭제 → 색 선택( ) → 원 모양( )으로 '알'을 그리기 → 채우기( )로 원 안쪽의 색을 채우기 → 캐릭터 이름을 알로 변경

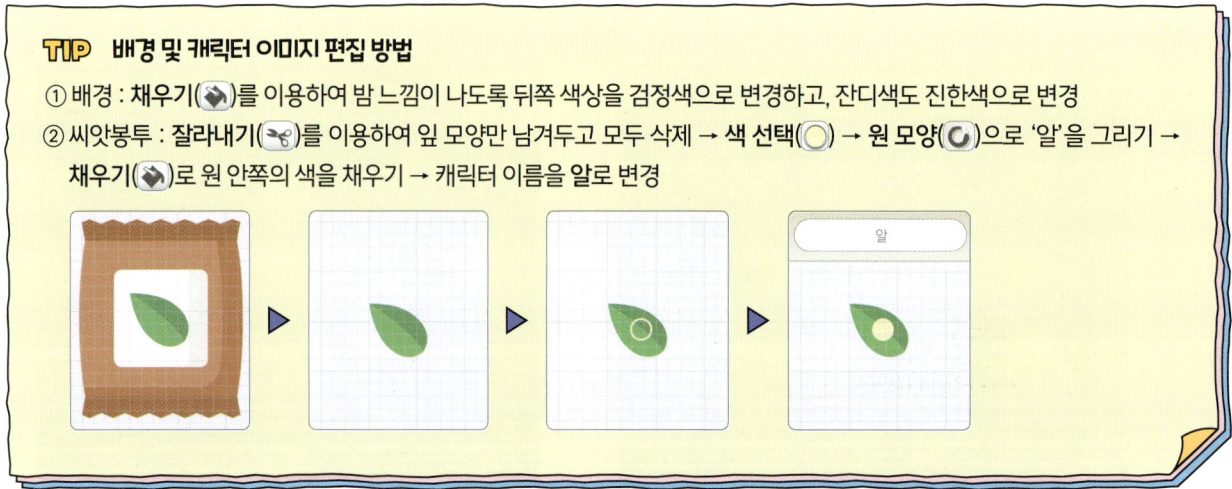

02 페이지( )를 추가한 후 **꽃밭** 배경을 삽입해요. **냥이** 캐릭터를 삭제한 후 **바퀴벌레**와 **나비**를 삽입해요. 단, **바퀴벌레**는 이미지를 편집하여 **번데기**로 만들어요.

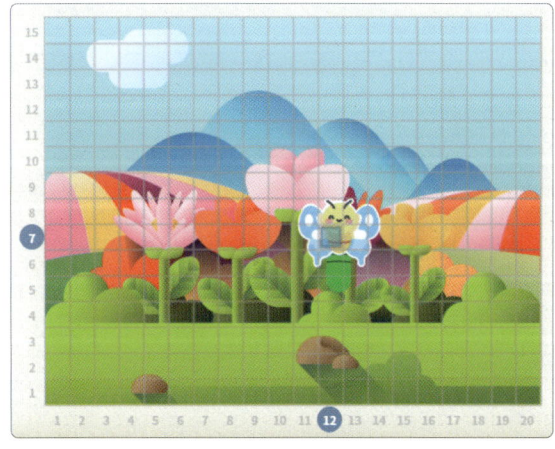

TIP 캐릭터 크기 변경 및 좌표 위치
① 작게 하기( ) : '바퀴벌레' 3번 클릭, '나비' 2번 클릭
② 좌표 위치( ) : '번데기'는 가로(12)-세로(6), '나비'는 가로(12)-세로(7)

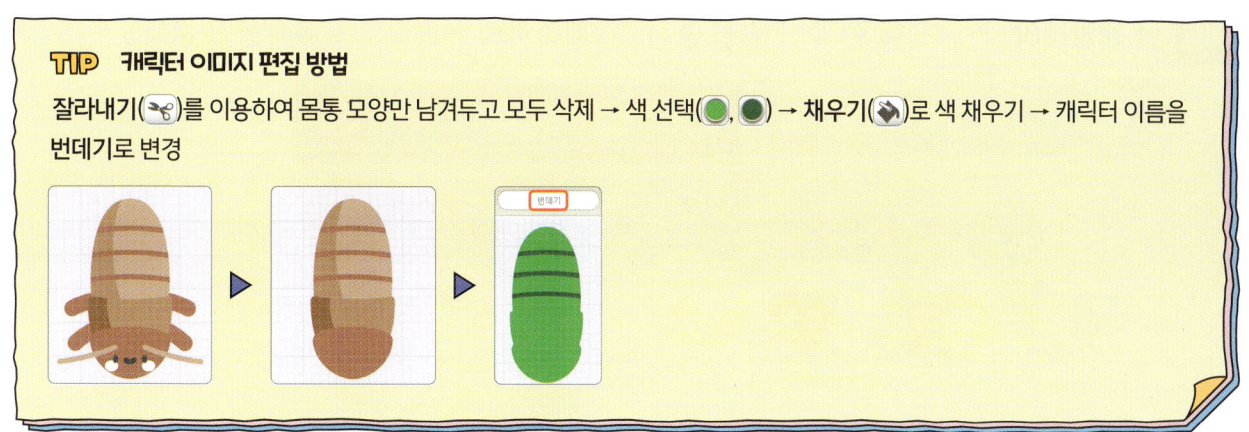

STEP 02 알과 애벌레를 선택하여 코드를 작성해요.

01 1페이지를 선택한 후 **알**을 클릭해요. **녹색 깃발**()을 클릭했을 때 **난 알이야~**라고 말을 한 후 모양을 숨기고 주황색 메시지를 보내도록 블록을 연결해요.

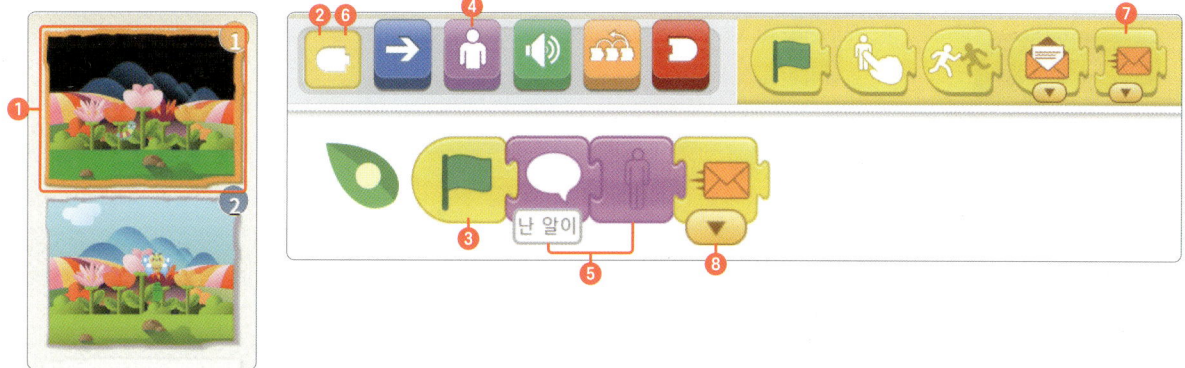

02 애벌레를 선택하여 **숨기기**( )를 블록 조립 영역으로 드래그한 후 블록을 클릭하여 숨겨요.

03 주황색 메시지가 오면 모양이 보이고 느린 속도로 이동하도록 블록을 연결해요.

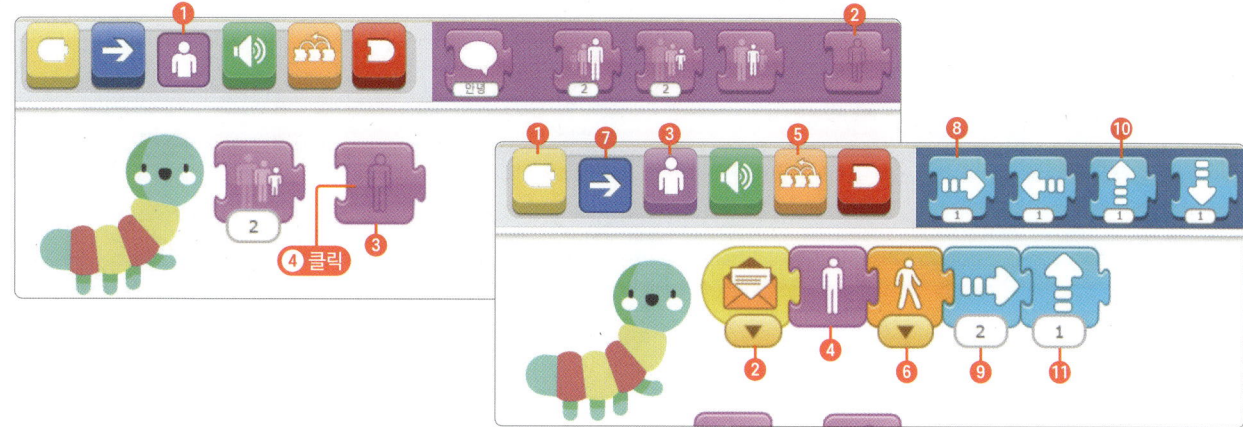

CHAPTER 12. 나비 성장 과정

04 난 애벌레야~라고 말을 한 후 모양을 숨기고 2페이지로 전환되도록 블록을 연결해요.

STEP 03 번데기와 나비를 선택하여 코드를 작성해요.

01 **2페이지**를 선택한 후 **번데기**를 클릭해요. **녹색 깃발(🏁)**을 클릭했을 때 1초 후에 **난 번데기야**~라고 말하고 모양을 숨기도록 블록을 연결해요.

02 **나비**에게 메시지를 보낼 수 있도록 보라색 메시지 블록을 연결해요.

03 **나비**를 선택하여 스테이지에서 보이지 않게 숨겨요. 보라색 메시지를 받으면 모양이 보이고 느린 속도로 이동한 후 **나는 나비야**~를 말하도록 블록을 연결해요.

04 코드 작업이 끝나면 **1페이지**를 선택해요. 스테이지 위쪽의 **녹색 깃발(🏁)**을 클릭하여 결과를 확인한 후 프로젝트 이름(홍길동_나비 성장)을 변경해요.

① **2페이지**에서 **나비**를 선택해요.
② 보라색 메시지를 받으면 좌-우로 무한 반복하여 흔들리도록 블록을 연결해요.
③ 1페이지에서 **녹색 깃발**(🏁)을 클릭하여 나비 성장 과정을 확인해요.

❋ 부록으로 제공되는 스티커를 활용해, 규칙에 맞추어 알맞은 그림을 배치해 보아요!

Chapter 13	친구와 영어로 대화하기
Chapter 14	동전 던지기
Chapter 15	학교종이 땡땡땡~
Chapter 16	수리수리 마수리 ~
Chapter 17	귀여운 이모지 만들기
Chapter 18	룰렛 만들기
Chapter 19	동계 스포츠 컬링
Chapter 20	쓰레기 분리수거
Chapter 21	카드 기억력 테스트
Chapter 22	팩맨 게임 만들기
Chapter 23	신나는 할로윈데이
Chapter 24	스네이크 게임 만들기

쉽게 배우고, 재밌게 코딩하고, 창의적으로 작품을 만들어요!

PART 02

엔트리

CHAPTER 13 친구와 영어로 대화하기

- 파파고를 이용하여 한글을 영어로 번역할 수 있어요.
- 오브젝트를 추가한 후 말하기 블록을 이용하여 영어로 대화할 수 있어요.

+ 실습 및 완성 파일 + [Chapter 13] 폴더

AI + 인터넷 놀이터

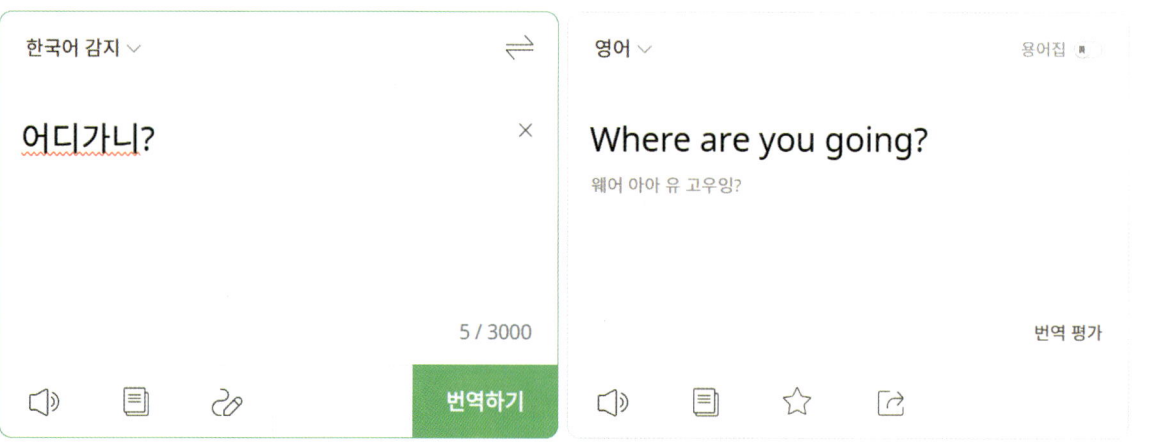

엔트리

AI + 인터넷 놀이터

01 ◆ 네이버에서 '파파고'를 검색하여 클릭

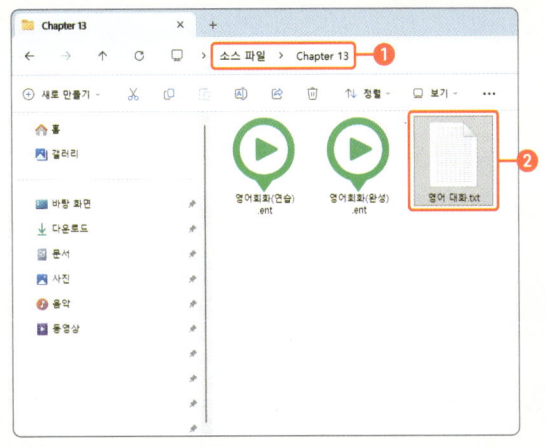

02 ◆ [Chapter 13] 폴더에서 '영어 대화.txt' 파일을 더블 클릭

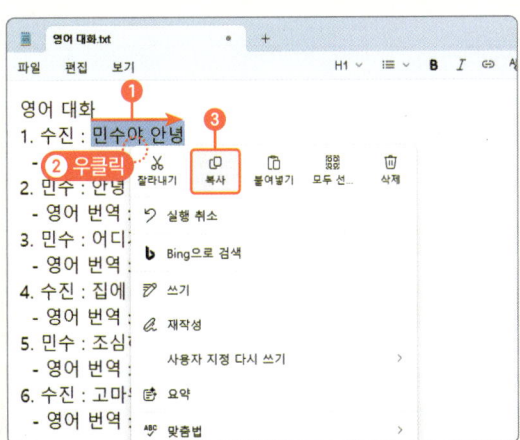

03 ◆ 첫 번째 문장을 드래그하여 복사

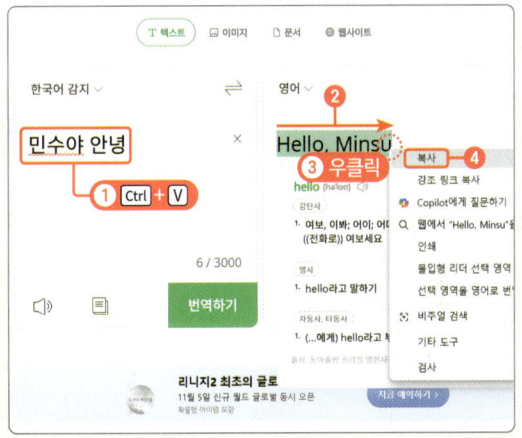

04 ◆ 파파고에 붙여넣은 후 번역된 영어 문장을 드래그하여 복사

05 ◆ 영어 대화 메모장에서 '영어 번역' 줄에 해당 내용을 붙여넣기

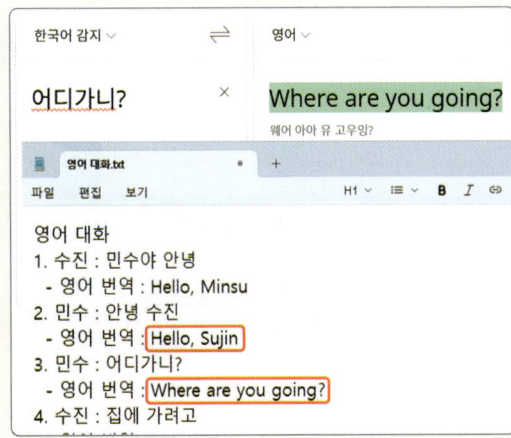

06 ◆ 나머지 한글 문장도 모두 영어로 번역하여 메모장에 붙여넣은 후 저장(Ctrl+S)

STEP 01 엔트리를 구석구석 살펴보아요.

엔트리는 초등학교와 중학교에서 활용되고 있는 블록 코딩 프로그램으로 학생들은 자신의 수준에 맞게 간단한 기능부터 재미있는 게임까지 여러 상황에 맞추어 코딩할 수 있어요.

01 [시작(■)]-[모두]-**[엔트리]**를 클릭하거나, 바탕화면에 있는 바로가기 아이콘(▶)을 더블클릭하여 엔트리를 실행해요. 엔트리가 실행되면 화면구성 및 세부 메뉴들을 확인해요.

02 **상단 메뉴** : 엔트리 작품을 불러오거나 저장할 수 있어요.

❶ **파일(** ▤ **)** : 작품을 새로 만들거나 컴퓨터에 저장된 파일을 불러올 수 있어요.
❷ **저장하기(** 🖫 **)** : 현재 작업 중인 작품을 저장하거나 복사본으로 저장할 수 있어요.
❸ **입력 취소/다시 실행(** ↶ ↷ **)** : 진행 중이던 작업을 이전 작업으로 되돌리거나 원래 상태로 되돌릴 수 있어요.

03 **실행 화면** : 작품의 결과를 확인할 수 있는 곳으로 **화면 중앙(0)**을 기준으로 **가로(X좌표)** 방향은 **-240~240, 세로(Y좌표)** 방향은 **-135~135** 범위까지 움직일 수 있어요.

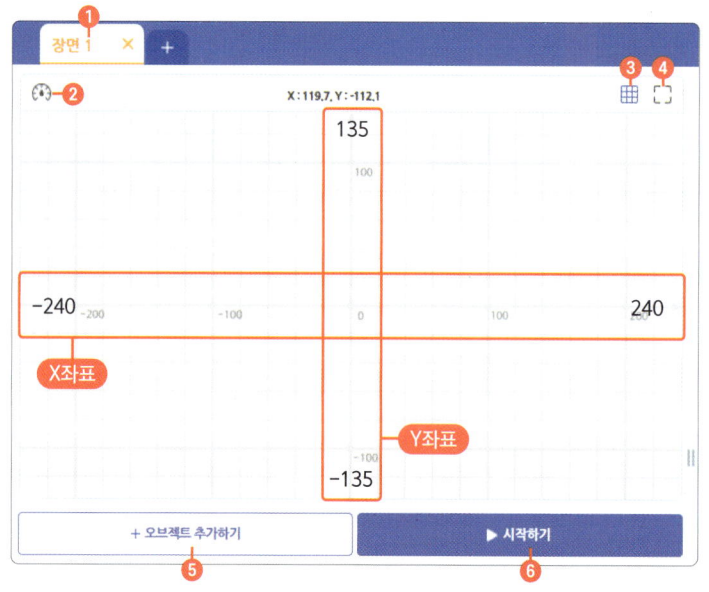

> **TIP** 실행 화면 X-Y 좌표 범위
> ① 가로(X좌표) : 가운데 0을 기준으로 왼쪽은 음수(-1 ~ -240), 오른쪽은 양수(1 ~ 240)
> ② 세로(Y좌표) : 가운데 0을 기준으로 아래쪽은 음수(-1 ~ -135), 위쪽은 양수(1 ~ 135)
> ③ 모눈종이 한 칸의 값은 20

❶ **장면**(장면1 ×) : 장면의 이름을 변경할 수 있으며, 필요에 따라 장면을 추가(+)하거나 삭제(×)할 수 있어요.
❷ **속도 조절**( ) : 오브젝트가 움직이는 속도를 천천히 또는 빠르게 변경할 수 있어요.
❸ **모눈종이**( ) : 실행 화면에 모눈종이를 표시하거나 숨길 수 있으며 가로-세로 1칸의 값은 **20**이에요.
❹ **전체화면**( ) : 실행 화면을 전체화면 크기로 변경할 수 있으며, 전체화면 상태에서 를 클릭하면 작은 크기로 변경돼요.
❺ + 오브젝트 추가하기 : 새로운 오브젝트를 추가할 수 있어요.
❻ ▶ 시작하기 및 ■ 정지하기 : 작품을 실행하거나 정지할 수 있어요.

04 오브젝트 목록 : 오브젝트의 속성을 수정하거나 필요없는 오브젝트를 삭제할 수 있어요.

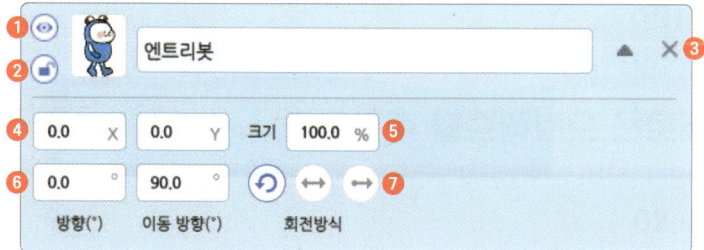

❶ **보이기**(,) : 오브젝트를 실행 화면에서 보이거나 숨길 수 있어요.
❷ **잠그기**(,) : 오브젝트의 속성을 변경할 수 없도록 잠그거나 풀 수 있어요.
❸ **삭제**(×) : 오브젝트를 삭제할 수 있어요.
❹ **위치**(0.0 X 0.0 Y) : 오브젝트의 X-Y 좌표를 확인하거나 변경할 수 있어요.
❺ **크기**(100.0 %) : 오브젝트의 크기를 확인하거나 변경할 수 있어요.
❻ **방향 및 이동 방향**(0.0 ° 90.0 °) : 오브젝트의 방향 및 이동 방향을 확인하거나 변경할 수 있어요.
❼ **회전방식**( ) : '모든 방향 회전, 좌-우 회전, 회전 없음'을 선택할 수 있어요.

05 블록 꾸러미 : [블록], [모양], [소리], [속성] 탭으로 구성되어 있으며, 글상자를 추가하였을 경우에는 [모양] 탭이 [글상자]로 변경돼요.

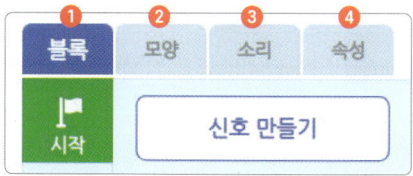

❶ **[블록] 탭** : 코딩 작업에 필요한 명령 블록이 모여 있으며, 각각의 블록 꾸러미는 서로 다른 색으로 구분되어 있어요.
❷ **[모양] 탭** : 오브젝트의 모양을 추가하거나 기존 모양을 편집할 수 있어요.
❸ **[소리] 탭** : 오브젝트에 소리를 추가하거나 삭제할 수 있어요.
❹ **[속성] 탭** : '변수, 신호, 리스트, 함수'를 추가할 수 있어요.

06 **블록 조립소** : 블록 꾸러미에서 코딩에 필요한 블록들을 드래그하여 조립할 수 있으며, 필요 없는 블록은 **휴지통**으로 드래그하여 삭제할 수 있어요.

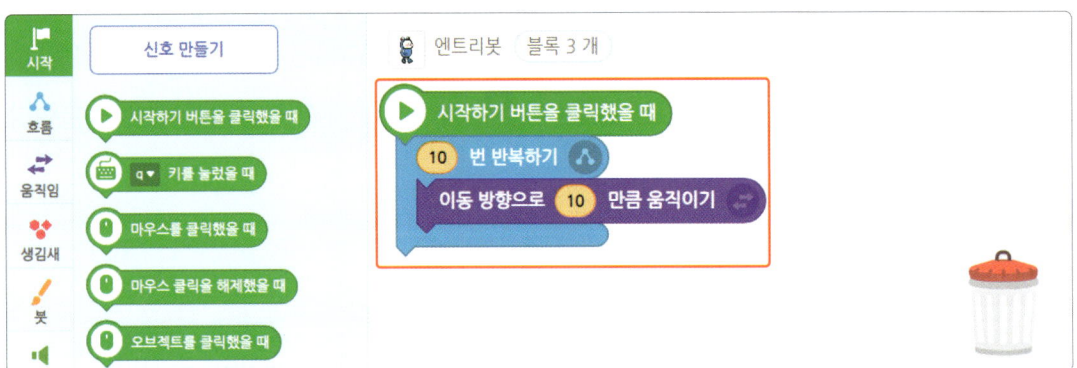

STEP 02 오브젝트를 삭제한 후 새로운 오브젝트를 추가해요.

01 오브젝트 목록에서 **삭제**()를 눌러 **엔트리봇**을 삭제한 후 +오브젝트 추가하기를 클릭해요. 왼쪽 **[배경]** 탭에서 **교실(2)**를 선택한 후 **<추가하기>**를 클릭해요.

02 똑같은 방법으로 **[사람]** 탭에서 **소녀(5)**와 **소년(3)**을 선택한 후 **<추가하기>**를 클릭해요.

03 실행 화면에 삽입된 오브젝트를 마우스로 드래그하여 위치를 변경한 후 오브젝트 목록에서 오브젝트 이름을 **민수**와 **수진**으로 변경해요.

STEP 03 말하기 블록으로 대화를 할 수 있도록 코드를 작성해요.

01 **수진**을 선택한 후  에서 시작하기 버튼을 클릭했을 때를 블록 조립소로 드래그해요.

02 생김새에서 「안녕! 을(를) 4 초 동안 말하기」를 연결한 후 내용(**민수야 안녕**)과 초(**2**)를 변경해요.

03 흐름에서 「2 초 기다리기」를 연결한 후 초(**4**)를 변경해요.

04 똑같은 방법으로 아래 그림처럼 와 블록을 연결하여 **내용**과 **초**를 변경해요.

TIP ~초 기다리기
수진이가 말을 한 후 중간에 '4초'와 '2초'를 기다리는 이유는 대화를 할 때 민수가 말하는 시간만큼 기다리기 위해서예요.

05 **민수**를 선택한 후 에서 를 블록 조립소를 드래그해요.

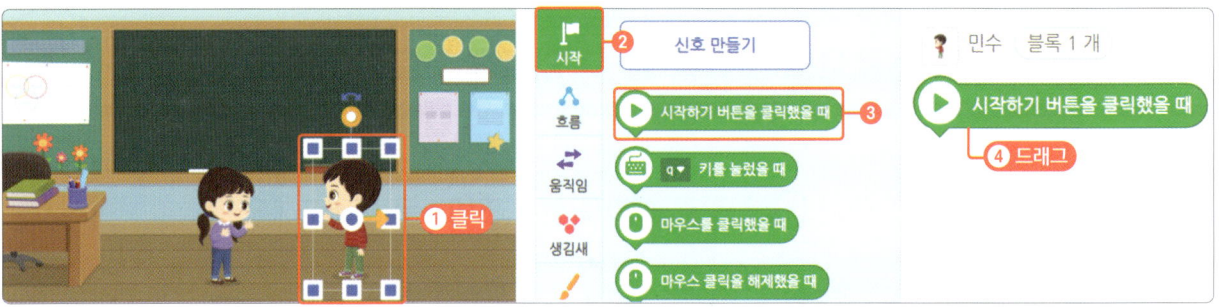

06 **수진**과 똑같은 방법으로 와 블록을 연결하여 **내용**과 **초**를 수정해요.

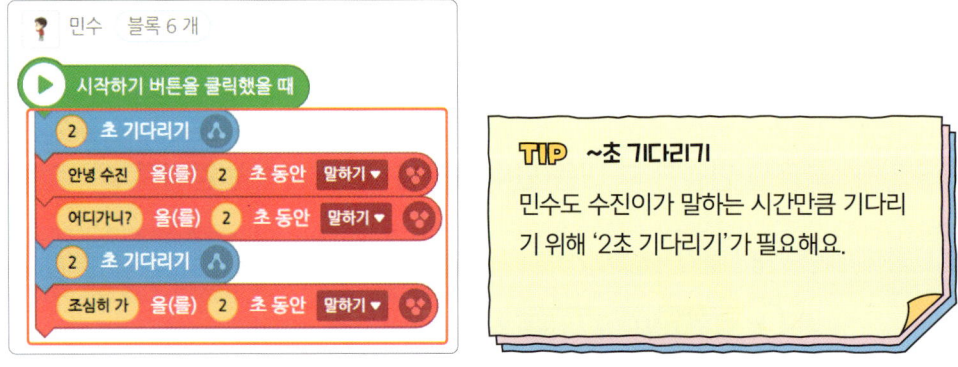

TIP ~초 기다리기
민수도 수진이가 말하는 시간만큼 기다리기 위해 '2초 기다리기'가 필요해요.

07 코드 작업이 끝나면 ▶시작하기를 클릭하여 결과를 확인한 후 파일(홍길동_영어)을 저장해요.

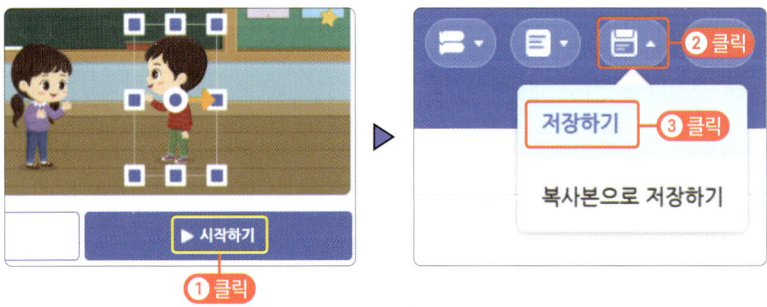

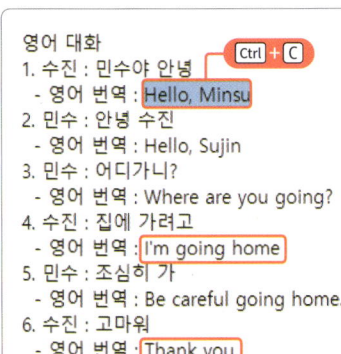 

❶ 파파고로 번역한 **영어 대화.txt** 파일을 열어서 대화 내용에 맞는 영어 문장을 복사(Ctrl+C)해요.

❷ 복사한 영어 문장을 '수진'과 '민수' 대화 내용에 맞추어 붙여넣어(Ctrl+V)요.

❸ 시작하기를 클릭하여 '수진'과 '민수'가 영어로 대화하는 것을 확인해요.

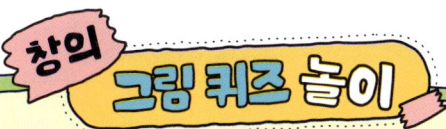

✱ 캐치마인드 그림과 힌트를 살펴보고, 정답을 알맞게 작성해 보아요!

정답

HINT

구	후	비	자
서	기	사	또
카	동	진	메

CHAPTER 13. 친구와 영어로 대화하기

동전 던지기

- 구글 동전 던지기를 이용하여 '앞면' 또는 '뒷면'을 확인할 수 있어요.
- 동전을 클릭했을 때 계속 모양을 바꾼 무작위 수로 특정 모양을 정할 수 있어요.

+ 실습 및 완성 파일 + 【Chapter 14】 폴더

AI + 인터넷 놀이터

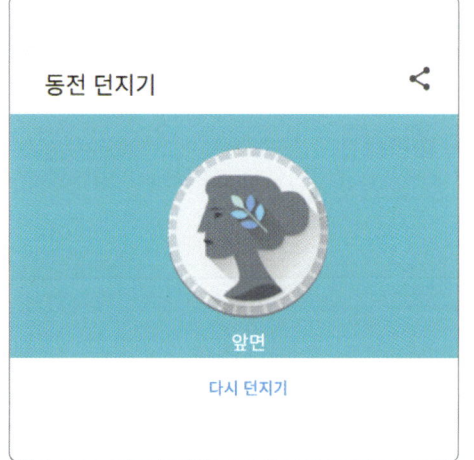 

엔트리

AI + 인터넷 놀이터

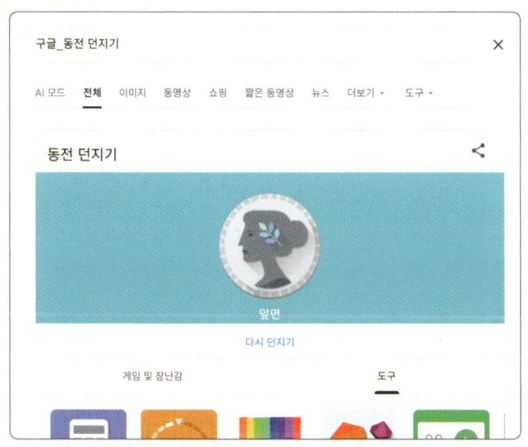

01 구글 동전 던지기 실행

02 <다시 던지기>를 클릭하여 '앞면'인지 '뒷면'인지 확인

03 <다시 던지기>를 한 번 더 클릭하여 '앞면'인지 '뒷면'인지

> **TIP 무작위 수(랜덤)**
> 동전을 던졌을 때 '앞면' 또는 '뒷면'이 나오는 것을 코딩 용어로 무작위 수 또는 랜덤이라고 해요. 엔트리는 무작위 수(랜덤)를 처리하기 위해 `0 부터 10 사이의 무작위 수` 블록을 이용해요.

동전 던지기를 총 10번 시도하여 '앞면' 또는 '뒷면'이 나온 횟수를 적어보세요.

• 앞면이 나온 횟수 :

• 뒷면이 나온 횟수 :

STEP 01 소스 파일을 불러와 오브젝트 좌표 위치 및 크기를 변경해요.

01 [Chapter 14] 폴더에서 **동전 던지기.ent** 파일을 더블클릭하여 실행해요.

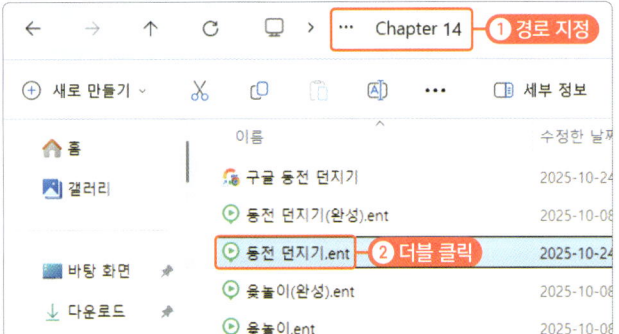

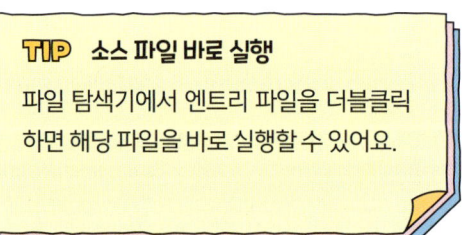

TIP 소스 파일 바로 실행
파일 탐색기에서 엔트리 파일을 더블클릭하면 해당 파일을 바로 실행할 수 있어요.

02 오브젝트 속성을 변경하기 위해 **동전**을 선택한 후 **X좌표(35), Y좌표(-30), 크기(50)**를 각각 변경해요.

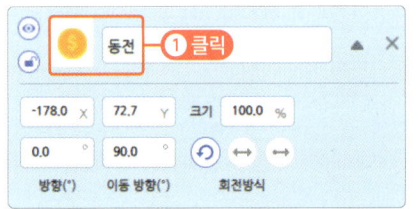 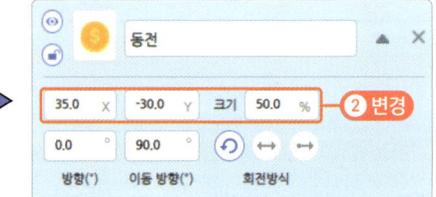

03 실행 화면에서 X-Y 좌표 위치와 크기가 변경된 동전을 확인해요.

▲ 오브젝트 속성 변경 전   ▲ 오브젝트 속성 변경 후

STEP 02 동전 클릭 시 앞면 또는 뒷면이 나오도록 코드를 작성해요.

01 **동전**이 선택된 상태에서 [시작]의 [오브젝트를 클릭했을 때]를 블록 조립소로 드래그해요.

02 동전 클릭 시 13번 반복하기 위해 [호름]에서 [10번 반복하기]를 연결한 후 반복 횟수(**13**)를 변경해요.

03 동전 클릭 시 위로 올라가야 하므로 [움직임]에서 [y 좌표를 10 만큼 바꾸기]를 안쪽에 연결해요.

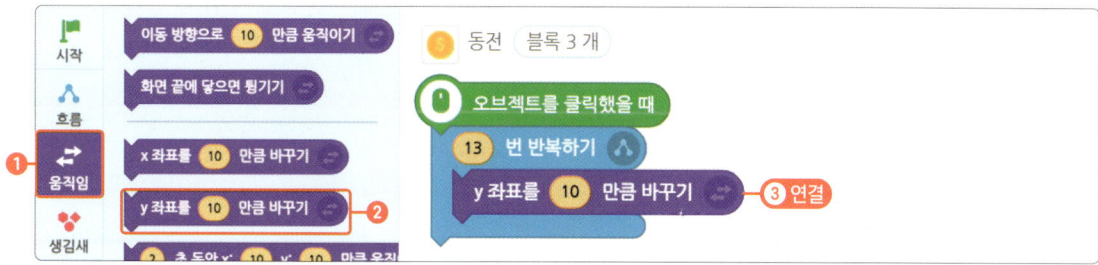

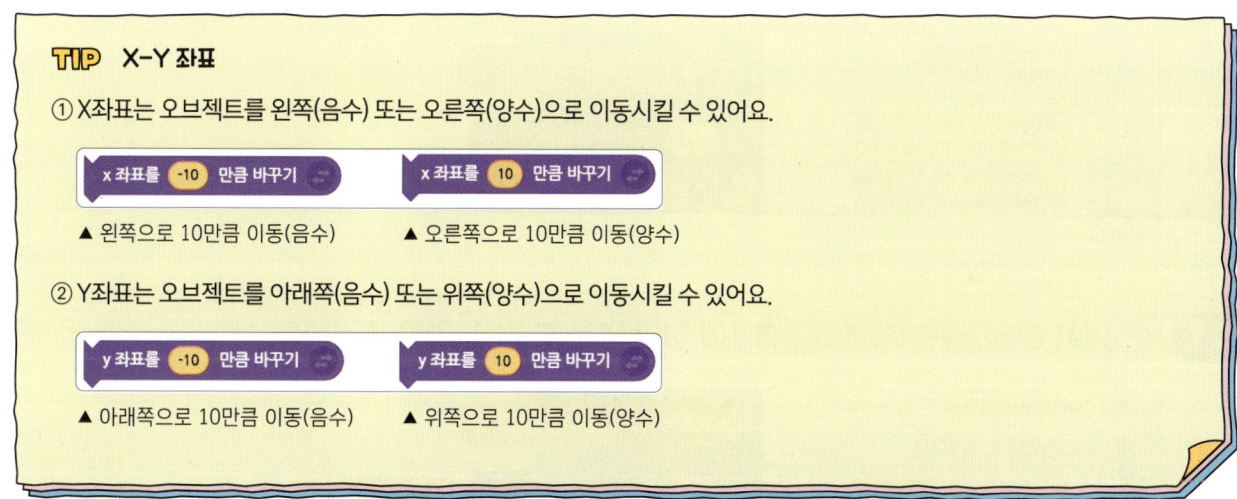

TIP X-Y 좌표

① X좌표는 오브젝트를 왼쪽(음수) 또는 오른쪽(양수)으로 이동시킬 수 있어요.

- [x 좌표를 -10 만큼 바꾸기] ▲ 왼쪽으로 10만큼 이동(음수)
- [x 좌표를 10 만큼 바꾸기] ▲ 오른쪽으로 10만큼 이동(양수)

② Y좌표는 오브젝트를 아래쪽(음수) 또는 위쪽(양수)으로 이동시킬 수 있어요.

- [y 좌표를 -10 만큼 바꾸기] ▲ 아래쪽으로 10만큼 이동(음수)
- [y 좌표를 10 만큼 바꾸기] ▲ 위쪽으로 10만큼 이동(양수)

04 위로 올라갈 때 0.1초 간격으로 동전 모양을 바꾸기 위해 [호름]에서 [2 초 기다리기]를 연결한 후 초(**0.1**)를 변경해요. [생김새]에서 [다음 모양으로 바꾸기]를 연결해요.

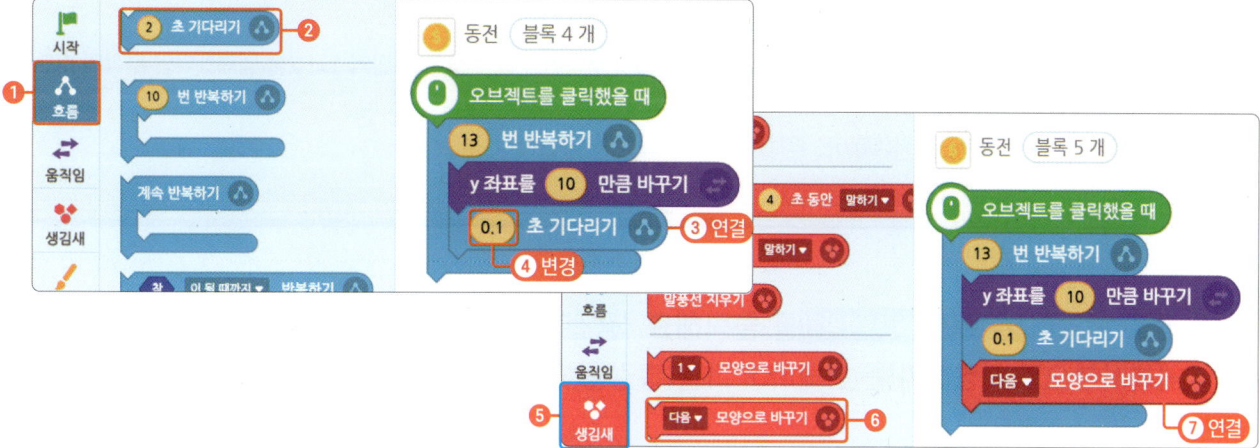

TIP 동전 모양

동전을 선택한 후 [모양] 탭을 클릭해 보면 총 3개의 동전 모양(1, 2, 3)이 있으며, `다음▼ 모양으로 바꾸기`를 이용하여 순서(1 → 2 → 3)대로 모양을 바꿀 수 있어요.

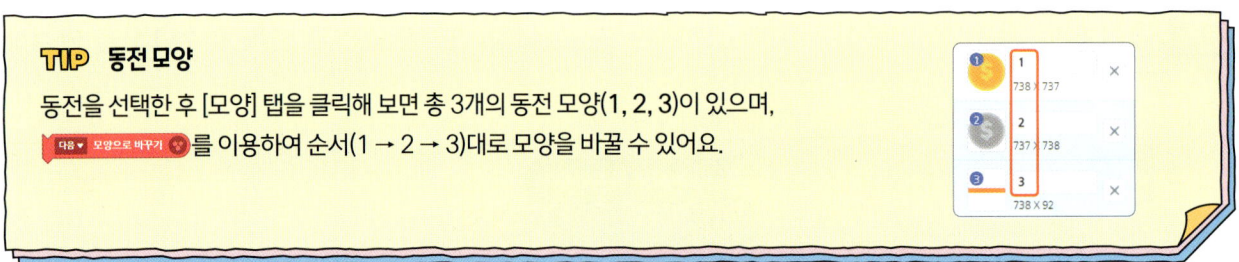

05 위로 올라갔던 동전을 아래로 떨어뜨리기 위해 `움직임`에서 `y: 10 위치로 이동하기`를 13번 반복하기 블록 아래쪽에 연결한 후 값(-30)을 변경해요.

06 무작위 수로 동전의 '앞면' 또는 '뒷면'으로 모양을 바꾸기 위해 `생김새`에서 `1▼ 모양으로 바꾸기`를 연결해요.

07 `계산`에서 `0 부터 10 사이의 무작위 수`를 1에 끼워 넣은 후 값(1, 2)을 변경해요.

TIP 무작위 수(`0 부터 10 사이의 무작위 수`)

① 앞쪽에 입력한 값(0)과 뒤쪽에 입력한 값(10) 사이에서 무작위 수를 추출해요. 만약 1과 2를 입력했다면 무작위 수로 1 또는 2가 추출돼요.
② 블록 연결 중에 빠진 블록(`1▼`)은 휴지통으로 드래그하여 삭제해요.

08 코드 작업이 끝나면 `▶시작하기`를 클릭해요. '동전'을 클릭하여 결과를 확인한 후 **[저장하기( )]** **-[복사본으로 저장하기]**를 선택하여 파일(홍길동_동전 던지기)을 저장해요.

1. 윷놀이.ent 파일을 열어서 **윷** 오브젝트를 선택해요.
2. '윷' 오브젝트를 클릭했을 때 1 부터 2 사이의 무작위 수로 모양이 바뀌도록 맨 아래쪽에 블록을 추가해 보세요.

    ▶ [1 모양으로 바꾸기] → [0 부터 10 사이의 무작위 수]

3. ▶시작하기를 클릭한 후 '윷' 오브젝트를 클릭하여 결과를 확인해 보세요.

✻ 부록으로 제공되는 스티커를 활용해, 최대한 많은 음식을 구매해 보아요!

CHAPTER 14. 동전 던지기

학교종이 땡땡땡~

- 구글 두들 뮤직을 이용하여 악보를 만들고 화음을 넣을 수 있어요.
- 소리 블록을 이용하여 피아노 건반으로 학교종을 연주할 수 있어요.

+ 실습 및 완성 파일 + 【Chapter 15】폴더

AI + 인터넷 놀이터

엔트리

01 + 구글 두들을 실행한 후 ▶ 클릭

02 + ▶ 클릭

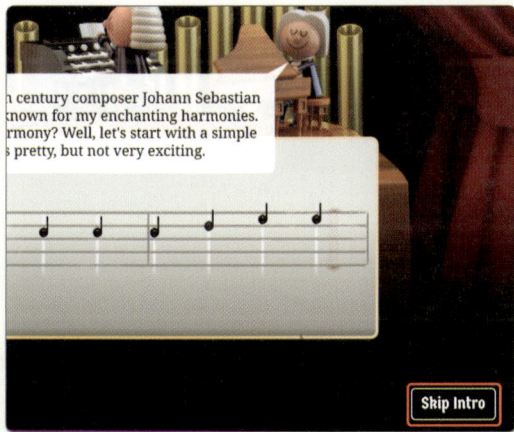

03 + <Skip Intro> 클릭

04 + 그림과 똑같이 오선지를 클릭하여 음표(솔솔 라라 솔솔 미)를 넣음

05 + ▶를 클릭하여 학교종 연주 듣기

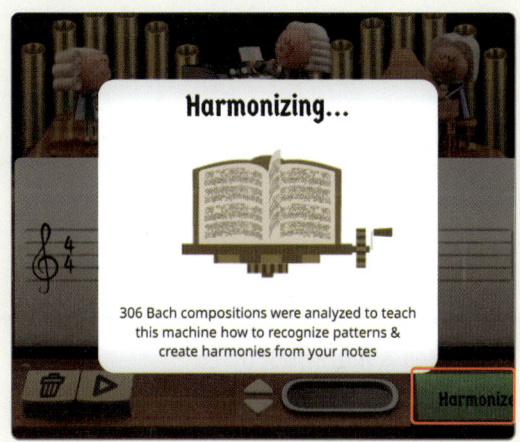

06 + <Harmonize>를 클릭하여 화음 넣기

CHAPTER 15. 학교종이 땡땡땡~ **101**

STEP 01 소스 파일을 불러와 소리를 추가해요.

01 [Chapter 15] 폴더에서 **학교종이 땡땡땡.ent** 파일을 더블클릭하여 실행해요.

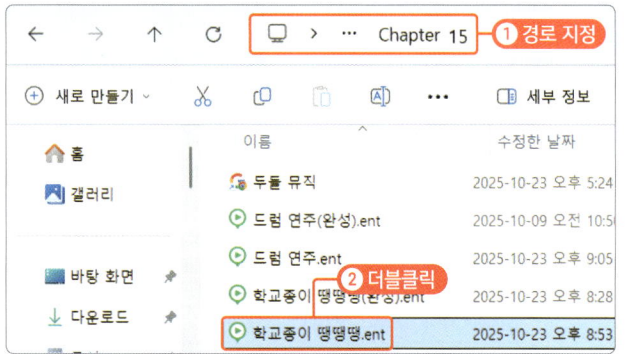

> **TIP 소스 파일 바로 실행**
> 파일 탐색기에서 엔트리 파일을 더블클릭하면 해당 파일을 바로 실행할 수 있어요.

02 파일이 열리면 **도**를 선택한 후 **[소리] 탭-<소리 추가하기>**를 클릭해요.

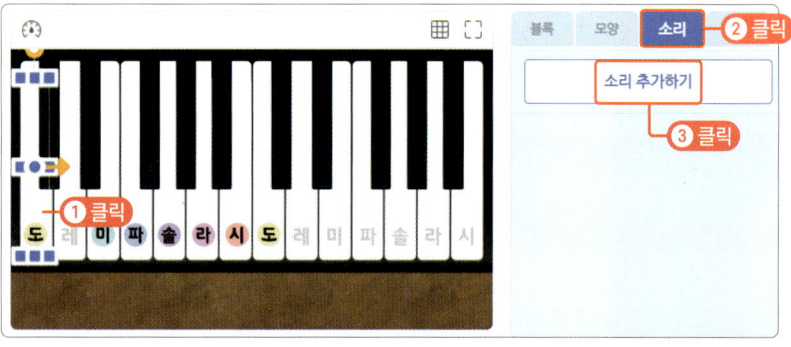

03 소리 추가하기가 열리면 **[악기]** 탭에서 아래 그림처럼 **피아노 04_도~피아노 11_높은도**까지 마우스로 클릭하여 선택한 후 **<추가하기>**를 클릭해요.

 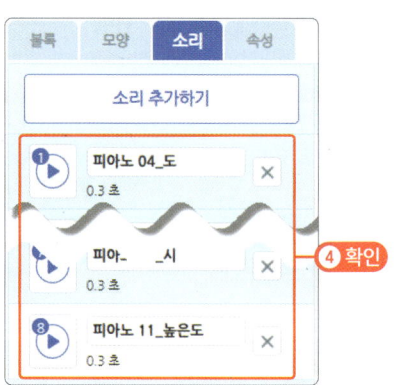

> **TIP 소리 추가 및 삭제하기**
> 소리를 추가할 때는 이름 부분(피아노 04_도)을 클릭해야 하며, 잘못 추가한 소리는 화면 우측 추가 목록에서 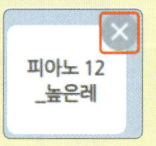를 클릭하여 삭제해요.

STEP 02 소리 블록을 이용하여 피아노 건반을 만들어요.

01 [블록] 탭을 선택한 후 시작에서 `오브젝트를 클릭했을 때`를 블록 조립소로 드래그해요.

02 건반을 클릭하면 누르는 효과를 주기 위해 움직임에서 `y좌표를 10 만큼 바꾸기`를 연결한 후 값(-3)을 변경해요.

03 건반을 클릭했을 때 피아노 소리(도)를 재생하기 위해 소리에서 `소리 피아노 04_도 재생하기`를 연결해요.

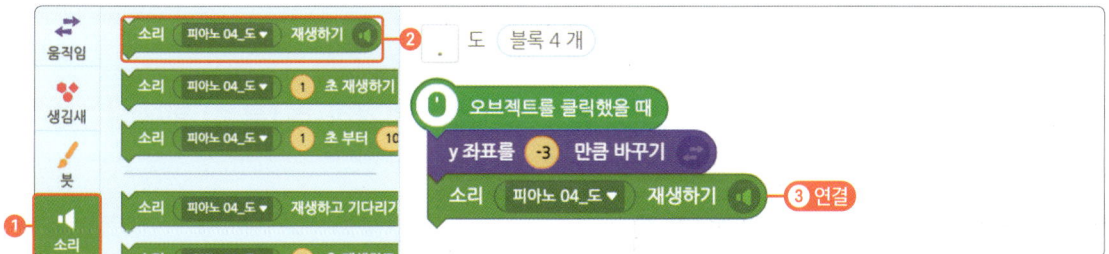

04 클릭을 해제하면 건반이 올라오는 효과를 주기 위해 시작에서 `오브젝트 클릭을 해제했을 때`를 블록 조립소를 드래그해요.

CHAPTER 15. 학교종이 땡땡땡~ **103**

05 움직임에서 y좌표를 10 만큼 바꾸기를 연결한 후 값(3)을 변경해요.

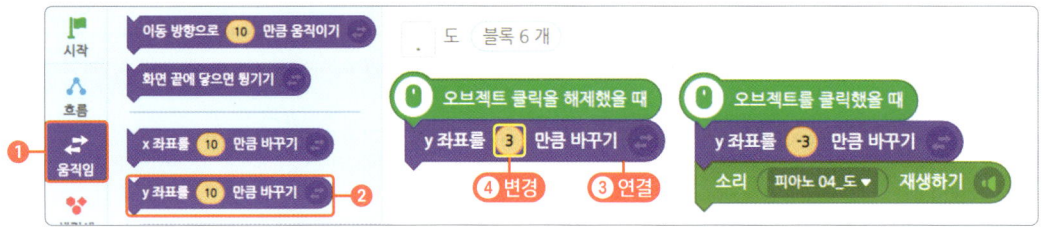

06 오브젝트를 복제하여 **레**를 만들기 위해 **도** 위에서 마우스 오른쪽 버튼을 눌러 [복제]를 클릭해요.

07 오브젝트가 복제되면 이름을 **레**로 변경한 후 [모양] 탭에서 **피아노 건반_레**로 모양을 변경해요.

> **TIP 오브젝트 복제**
> 복제된 오브젝트는 오브젝트 목록에서 가장 위쪽에 배치돼요.

08 복제된 오브젝트(레)를 피아노 배경의 **레** 위치로 드래그하여 변경한 후 [블록] 탭에서 피아노 04_도▼를 클릭하여 **피아노 05_레**로 변경해요.

09 코드 작업이 끝나면 ▶시작하기를 클릭해요. 피아노 건반을 마우스로 클릭하여 학교종을 연주해 보세요.

> 솔솔라라 / 솔솔미 / 솔솔미미 / 레
> 솔솔라라 / 솔솔미 / 솔미레미 / 도

10 [저장하기(💾▼)]-[복사본으로 저장하기]를 클릭하여 파일(홍길동_학교종)을 저장해요.

❶ **드럼연주.ent** 파일을 열어서 **베이스 드럼** 오브젝트를 선택해요.
❷ [소리]-<소리 추가하기>를 클릭한 후 [악기] 탭-[드럼]에서 **베이스 드럼 (쿵)** 소리를 추가해요.
❸ '베이스 드럼' 오브젝트 클릭했을 때 베이스 드럼 (쿵) 소리가 2초 동안 재생되도록 소리 블록을 블록 사이에 연결해요.
  ▶ [소리 베이스 드럼 (쿵) 1초 재생하기]
❹ ▶시작하기를 클릭하여 드럼을 연주해 보세요.

✱ 캐치마인드 그림과 힌트를 살펴보고, 정답을 알맞게 작성해 보아요!

정답

HINT

나	림	은	김
행	소	미	한
조	장	국	무

CHAPTER 15. 학교종이 땡땡땡~

수리수리 마수리 ~

- 픽셀을 이용하여 마술사 아바타를 그릴 수 있어요.
- 마술 모자가 신호를 보내면 토끼가 신호를 받아서 지정된 위치로 이동한 후 말을 해요.

+ 실습 및 완성 파일 + **[Chapter 16] 폴더**

AI + 인터넷 놀이터

엔트리

AI + 인터넷 놀이터

01 ✦ 픽셀 아바타에서 아래쪽 첫 번째 사람 모양 클릭

02 ✦ 망토(🧣)를 클릭하여 원하는 모양을 선택한 후 색상 변경

TIP 색상 변경

왼쪽 아래 그림 물감에서 원하는 색을 선택하거나 직접 색상값(#a313a8)을 입력한 후 <세트>를 클릭하여 색을 적용함

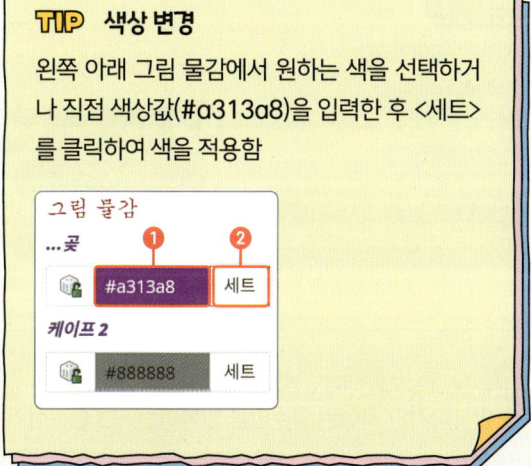

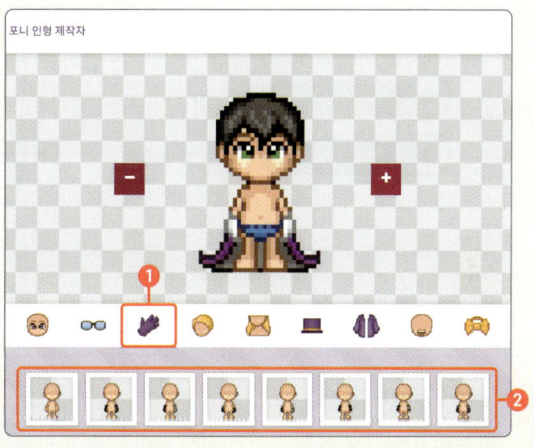

03 ✦ 장갑(🧤)을 클릭하여 원하는 모양을 선택한 후 색상 변경

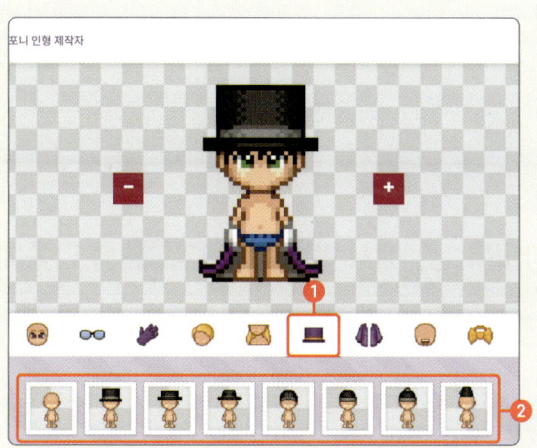

04 ✦ 모자(🎩)를 클릭하여 원하는 모양을 선택

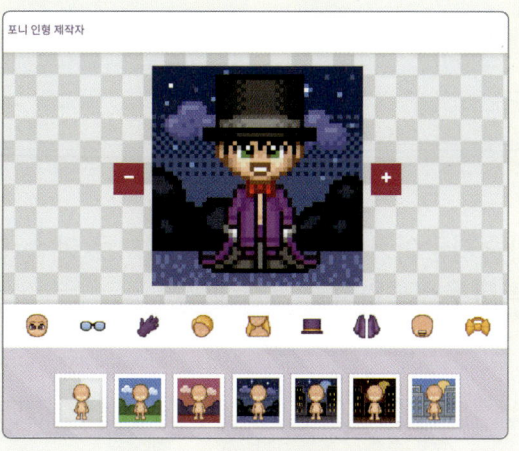

05 ✦ 똑같은 방법으로 캐릭터를 꾸민 후 배경을 삽입

STEP 01 마술지팡이가 마우스 포인터를 계속 따라다녀요.

01 [Chapter 16] 폴더에서 **마술사.ent** 파일을 더블클릭한 후 **마술지팡이**를 선택해요.

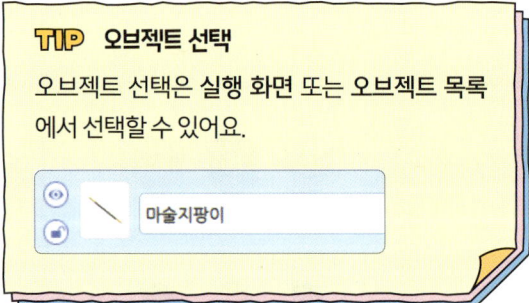

TIP 오브젝트 선택
오브젝트 선택은 실행 화면 또는 오브젝트 목록에서 선택할 수 있어요.

02 무한 반복을 위해 [시작]에서 [시작하기 버튼을 클릭했을 때]를 블록 조립소로 드래그한 후 [흐름]에서 [계속 반복하기]  를 연결해요.

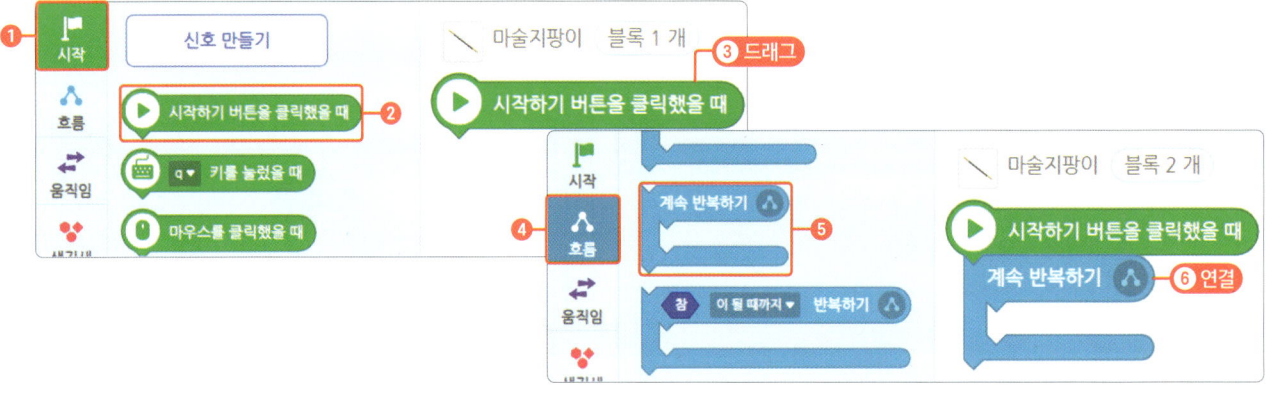

TIP 반복하기 블록
엔트리 반복 블록은 멈추기 전까지 무한 반복하여 실행하는 **계속 반복하기**와 지정된 횟수만큼 반복하는 **~번 반복하기** 블록이 있어요.

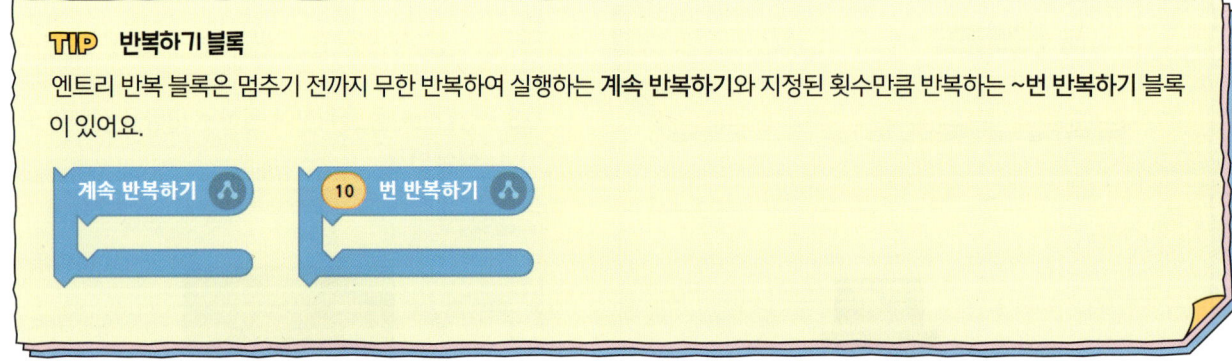

03 **마술지팡이**가 마우스 포인터 위치로 계속 이동하도록 [움직임]에서 [마술지팡이▼ 위치로 이동하기]를 안쪽에 연결한 후 **마우스포인터**로 변경해요.

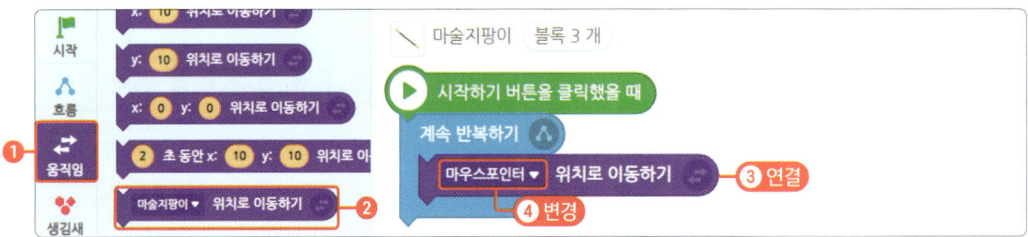

STEP 02 신호를 추가한 후 해당 신호를 이용하여 코드를 작성해요.

01 신호를 만들기 위해 [속성] 탭에서 [신호]-<신호 추가하기>를 클릭해요. 신호 이름 입력 칸이 나오면 **토끼**를 입력한 후 <신호 추가>를 클릭해요.

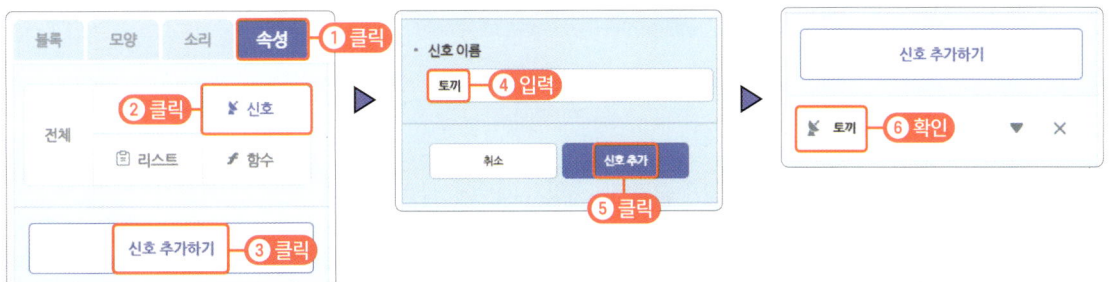

02 오브젝트를 클릭했을 때 신호를 보내기 위해 **마술 모자**를 선택한 후 [블록] 탭을 클릭해요. 시작에서 오브젝트를 클릭했을 때를 블록 조립소로 드래그한 후 토끼▼ 신호 보내기를 연결해요.

TIP 신호 보내기 및 신호를 받았을 때

① 신호 보내기(대상 없음▼ 신호 보내기)는 어린이 스크래치의 '메시지 보내기(📧)'와 같은 기능으로 특정 오브젝트로 지정된 신호(예 : 토끼)를 보내는 기능이에요.

② 신호를 받았을 때(대상 없음▼ 신호를 받았을 때)는 어린이 스크래치의 '메시지가 오면 시작(📧)'과 같은 기능으로 특정 신호(예 : 토끼)를 받았을 해당 블록에 연결된 블록들이 실행돼요.

③ 특정 신호를 보내면 여러 개의 오브젝트가 동시에 신호를 받을 수도 있어요. 예를 들어 엔트리봇이 '숨어'라는 신호를 보냈을 때 '강아지', '고양이', '잠자리' 오브젝트는 해당 신호를 받고 동시에 화면에 보이지 않게 숨길 수 있어요.

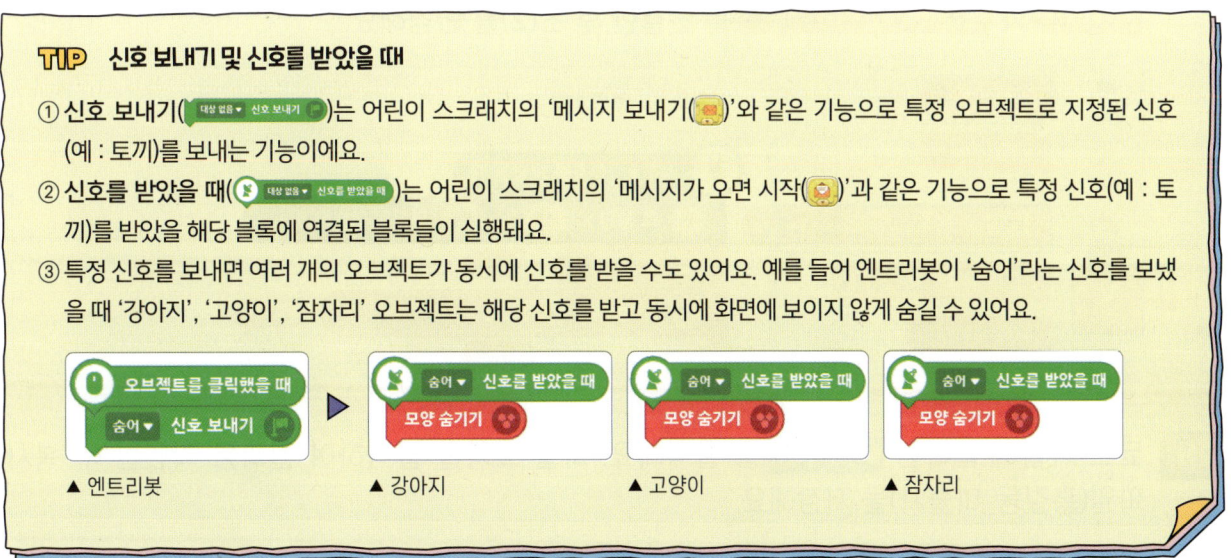

▲ 엔트리봇　　▲ 강아지　　▲ 고양이　　▲ 잠자리

CHAPTER 16. 수리수리 마수리 ~ **109**

03 '마술 모자'가 보낸 신호를 받기 위해 오브젝트 목록에서 **토끼**를 선택해요. 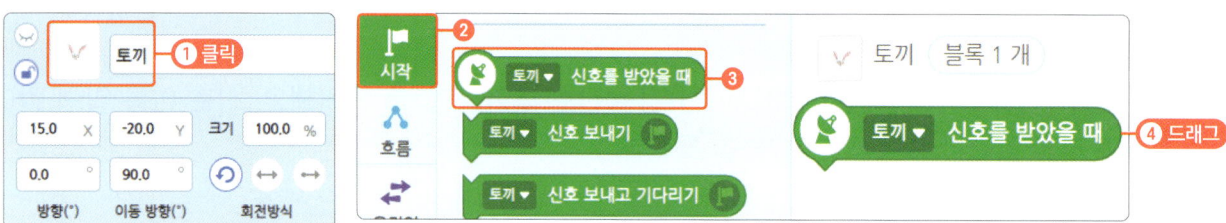를 블록 조립소로 드래그해요.

> **TIP 토끼 오브젝트 선택**
> 토끼는 테이블 중간 위치에 모양이 보이지 않게 숨겨져(👁)있기 때문에 '실행 화면'이 아닌 '오브젝트 목록'에서 선택해야 해요.

04 신호를 받으면 테이블 중간에 있던 토끼가 1초 동안 마술 모자 위쪽으로 이동하기 위해 [움직임]에서 [2 초 동안 x: 10 y: 10 위치로 이동하기]를 연결한 후 값(1, 15, 59)을 변경해요.

05 신호를 받은 토끼가 마술 모자 위쪽으로 이동한 후 모양이 보이고 2초 동안 말하기 위해 [생김새]에서 [모양 보이기]와 [안녕! 을(를) 4 초 동안 말하기]를 연결한 후 초(2)를 변경해요.

06 코드 작업이 끝나면 [▶시작하기]를 클릭해요. **마술 모자**를 클릭하여 결과를 확인한 후 복사본으로 파일(홍길동_마술사)을 저장해요.

❶ **카드 마술.ent** 파일을 열어서 **카드** 오브젝트를 선택해요.

❷ [속성] 탭에서 [신호]-<신호 추가하기>를 클릭하여 **카드** 신호를 추가해요.

❸ 카드 신호를 받았을 때 1초 동안 x: 0, y: 55 위치로 이동한 후 모양이 보이도록 맨 위쪽에 블록을 추가해 보세요. ▶ [카드 신호를 받았을 때]

❹ **마술 모자** 오브젝트를 선택한 후 신호 보내기 '대상 없음'을 **카드**로 변경해요.

❺ ▶시작하기 를 클릭한 후 '마술 모자'를 클릭하여 결과를 확인해요.

✱ 부록으로 제공되는 스티커를 활용해, 빈 칸에 알맞은 그림을 붙여 보아요!

귀여운 이모지 만들기

- 이모지 메이커를 이용하여 예쁘고 귀여운 이모지를 만들 수 있어요.
- 특정 키를 눌러서 모양을 변경하고 마우스를 클릭하여 도장을 찍을 수 있어요.

+ 실습 및 완성 파일 + 【Chapter 17】 폴더

AI + 인터넷 놀이터

엔트리

AI + 인터넷 놀이터

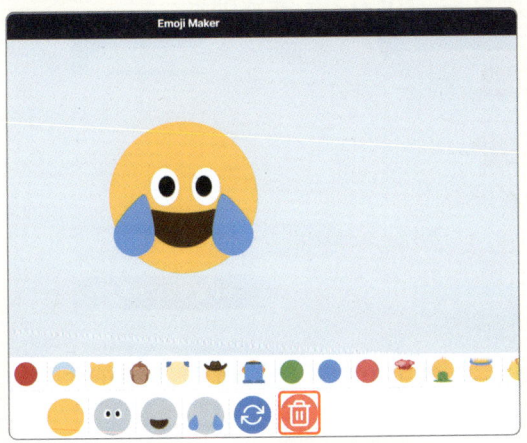

01 ✦ 이모지 메이커가 실행되면 🗑 클릭

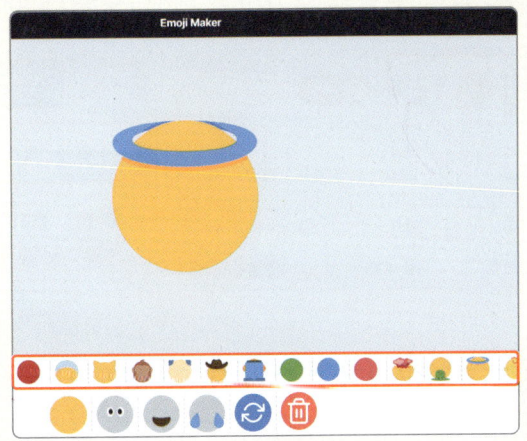

02 ✦ 원하는 '얼굴 모양'을 선택

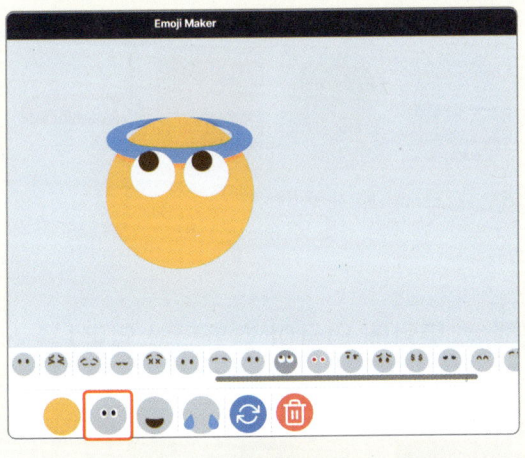

03 ✦ 👁을 클릭하여 원하는 '눈 모양' 선택

> **TIP 모양 지우기**
>
> 특정 모양(😣)을 선택한 후 해당 모양(😣)을 다시 클릭하면 지울 수 있어요.
>
>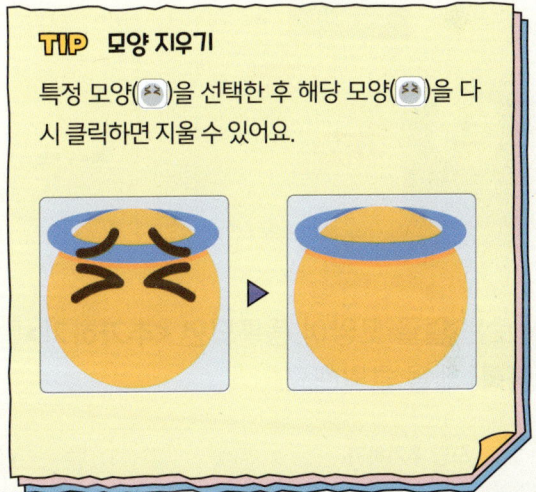

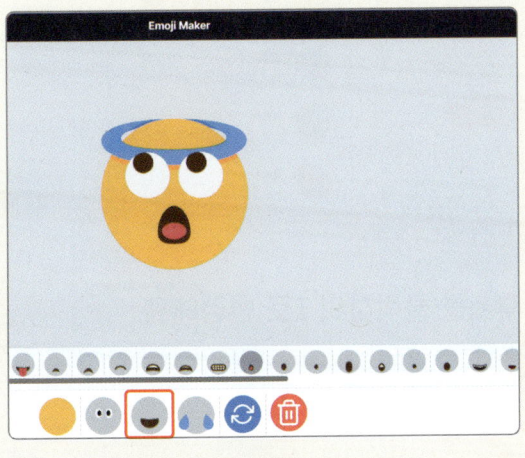

04 ✦ 👄를 클릭하여 원하는 '입 모양' 선택

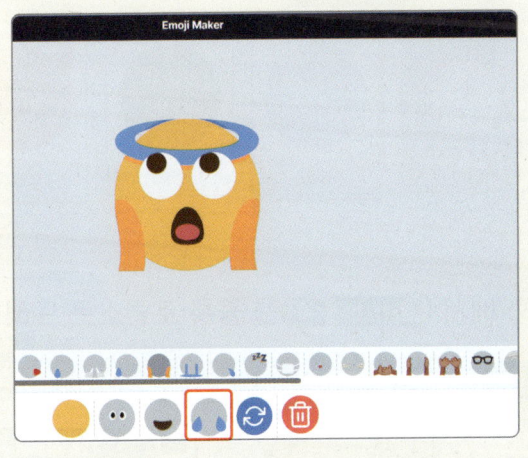

05 ✦ 🎧를 클릭하여 원하는 '꾸밈 모양' 선택

CHAPTER 17. 귀여운 이모지 만들기 **113**

STEP 01 특정 키를 눌렀을 때 오브젝트 모양을 바꿔요.

01 [Chapter 17] 폴더에서 **이모지 만들기.ent** 파일을 더블클릭한 후 오브젝트 목록에서 **얼굴**을 선택해요. 얼굴 모양을 추가하기 위해 [모양] 탭에서 <모양 추가하기>를 클릭해요.

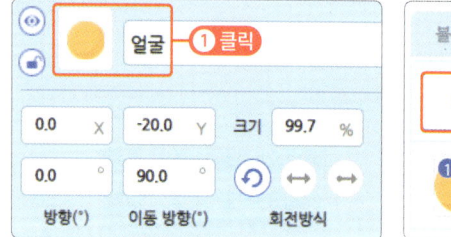 

02 모양 추가하기가 나오면 [파일 올리기] 탭에서 <파일 올리기>를 클릭해요. [열기] 대화상자에서 **얼굴2~얼굴4**를 선택한 후 <열기>를 클릭해요.

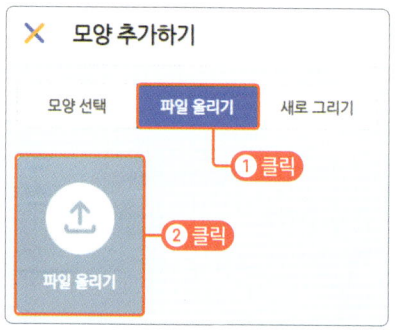 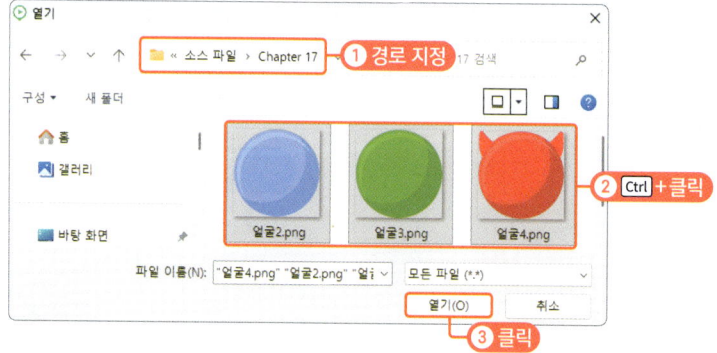

03 새로운 얼굴 모양이 등록되면 <추가하기>를 클릭해요. 모양에 얼굴이 추가되면 **얼굴1**을 선택한 후 [블록] 탭을 클릭해요.

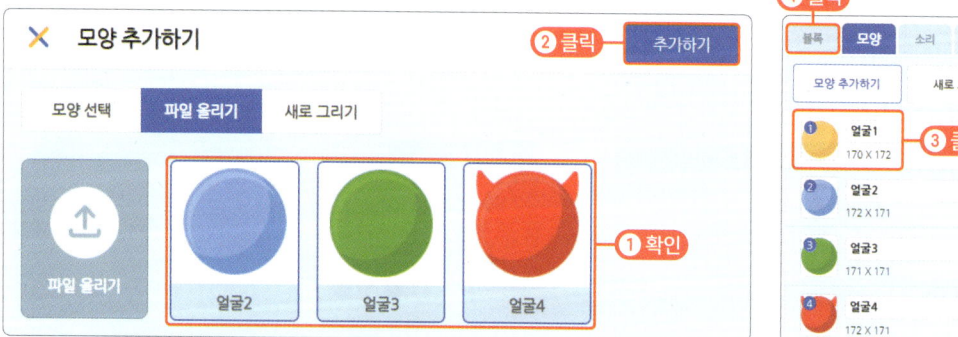

04 시작에서 `q 키를 눌렀을 때`를 블록 조립소로 드래그한 후 q를 클릭하여 1로 변경해요.

05 숫자 1 키를 눌렀을 때 다음 얼굴 모양으로 바꾸기 위해 생김새에서 다음▼ 모양으로 바꾸기 를 연결해요.

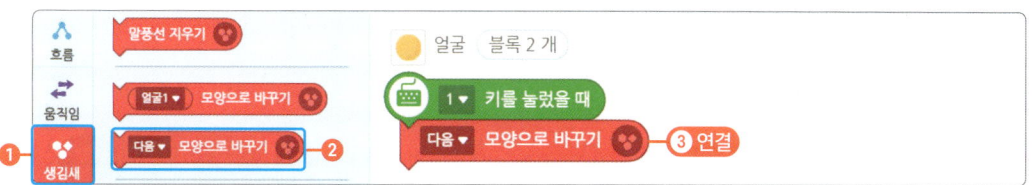

06 코드를 복사하여 다른 오브젝트에 붙여넣기 위해 1▼ 키를 눌렀을 때 위에서 마우스 오른쪽 버튼을 눌러 **[코드 복사]**를 클릭해요.

07 오브젝트 목록에서 **눈**을 선택한 후 블록 조립소에서 마우스 오른쪽 버튼을 눌러 **[붙여넣기]**를 클릭해요. 코드가 복사되면 1을 클릭하여 2로 변경해요.

08 똑같은 방법으로 **입**과 **장식**에도 복사한 코드를 붙여넣은 후 키를 '입'은 3, '장식'은 4로 변경해요.

▲ '입' 오브젝트   ▲ '장식' 오브젝트

STEP 02 도장 기능을 이용하여 장식 모양으로 얼굴을 꾸밀 수 있어요.

01 오브젝트 목록에서 **장식**을 클릭해요.

CHAPTER 17. 귀여운 이모지 만들기 **115**

02 마우스를 클릭하여 도장을 찍기 위해 에서 를 블록 조립소로 드래그한 후 에서 를 연결해요.

> **TIP** 도장 찍기
> 도장을 찍는 것처럼 특정 오브젝트의 모양을 실행 화면 위에 찍어서 보여줘요. 단, 도장 찍기로 삽입된 오브젝트 모양은 복제본이 아니에요.

03 **장식**이 마우스 포인터 위치로 계속 이동하도록 , , 블록을 연결한 후 **장식**을 **마우스포인터**로 변경해요.

> **TIP** 마우스포인터 위치로 이동하는 장식 오브젝트
> 자세한 코드 작성 방법은 16차시 108페이지를 참고하세요.

04 코드 작업이 끝나면 시작하기를 클릭하여 원하는 이모지 모양을 만든 후 복사본으로 파일(홍길동_이모지)을 저장해요.

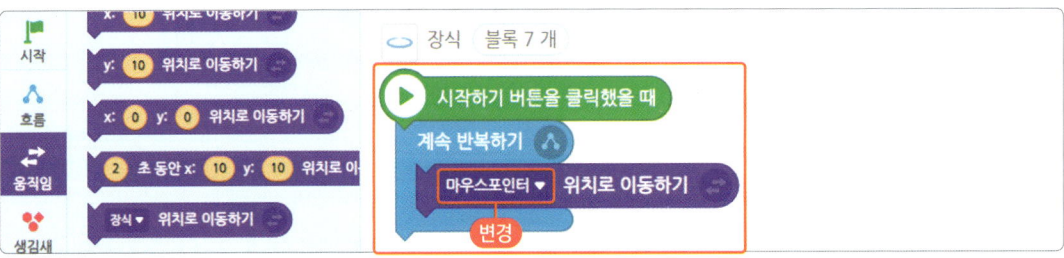

> **TIP** 이모지 만드는 방법
> ① 키보드 1(얼굴), 2(눈), 3(입) 키를 눌러서 원하는 이모지 모양을 만들어요.
> ② 키보드 4(장식) 키를 눌러 원하는 장식 모양으로 변경한 후 이모지 얼굴을 클릭하여 해당 장식을 도장으로 찍어요.

① **연습**.ent 파일을 열어서 **장식** 오브젝트를 선택해요.
② '입' 오브젝트의 코드를 복사하여 '장식'에 붙여넣은 후 키를 **4**로 변경해요.
③ 마우스를 클릭했을 때 실행 화면에 장식 모양을 도장으로 찍도록 코드를 작성해요.
   ▶ [마우스를 클릭했을 때] → [도장 찍기]
④ ▶시작하기를 클릭하여 원하는 이모지 모양을 만들어 보세요.

✱ 캐치마인드 그림과 힌트를 살펴보고, 정답을 알맞게 작성해 보아요!

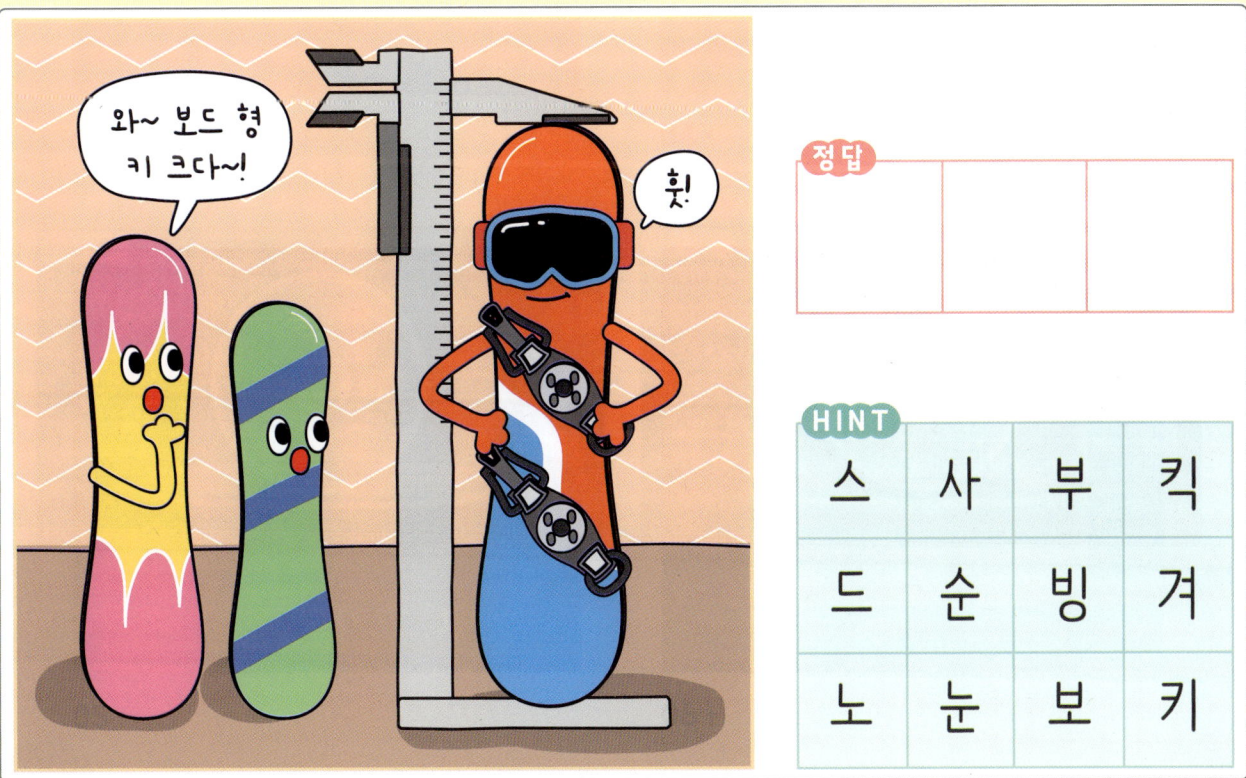

정답		

HINT

스	사	부	킥
드	순	빙	겨
노	눈	보	키

18 CHAPTER 룰렛 만들기

- 구글 스피너를 이용하여 룰렛을 실행할 수 있어요.
- 묻고 대답하기로 룰렛판의 종류를 선택할 수 있으며, 클릭 시 회전시킬 수 있어요.

+ 실습 및 완성 파일 + [Chapter 18] 폴더

AI + 인터넷 놀이터

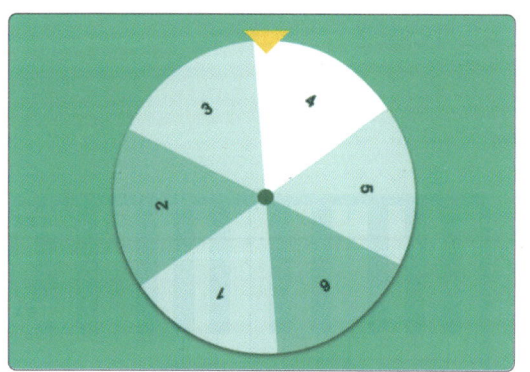

엔트리

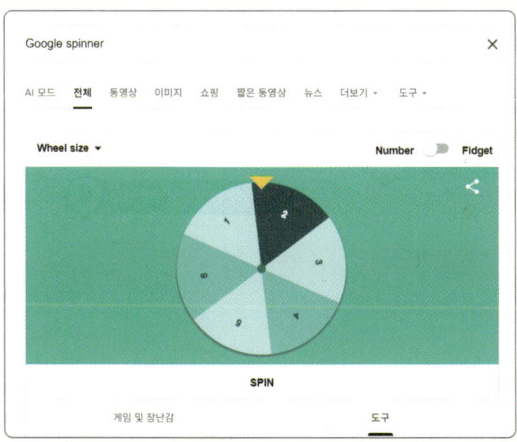

01 ✦ 구글 스피너 실행

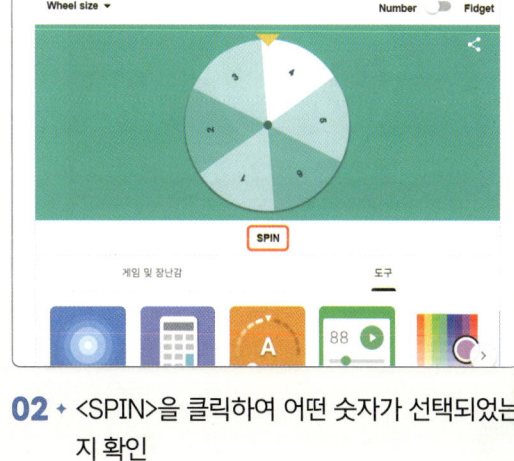

02 ✦ <SPIN>을 클릭하여 어떤 숫자가 선택되었는지 확인

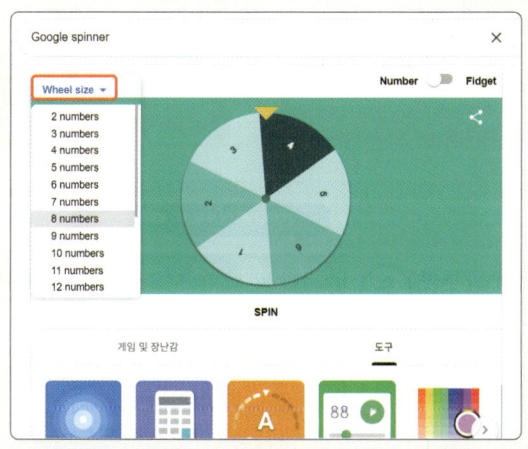

03 ✦ <Wheel size>를 클릭하여 원하는 숫자로 변경

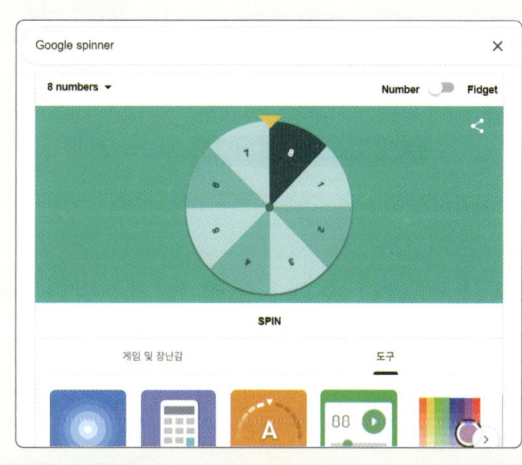

04 ✦ 어떤 숫자가 선택되었는지 확인

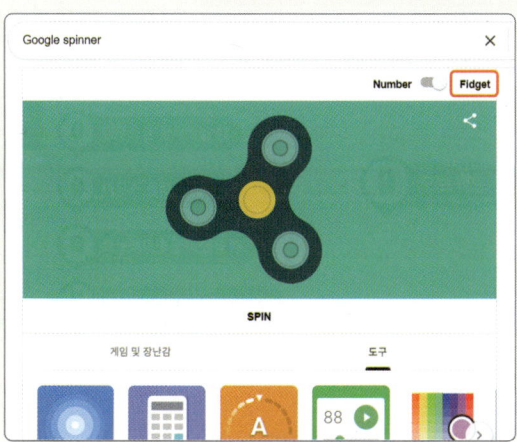

05 ✦ Number를 Fidget으로 변경

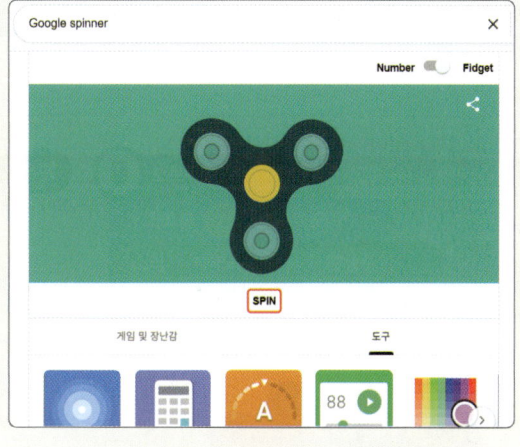

06 ✦ <SPIN>을 계속 클릭한 후 화면을 클릭

STEP 01 묻고 대답하기로 룰렛판의 종류를 선택할 수 있어요.

01 [Chapter 18] 폴더에서 **룰렛.ent** 파일을 더블클릭한 후 **룰렛판**을 선택해요.

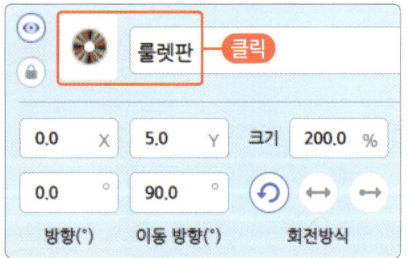

02 **룰렛판**의 종류를 선택할 수 있도록 질문을 하기 위해 [시작]에서 `시작하기 버튼을 클릭했을 때`를 블록 조립소로 드래그한 후 [자료]에서 `안녕! 을(를) 묻고 대답 기다리기`를 연결해요.

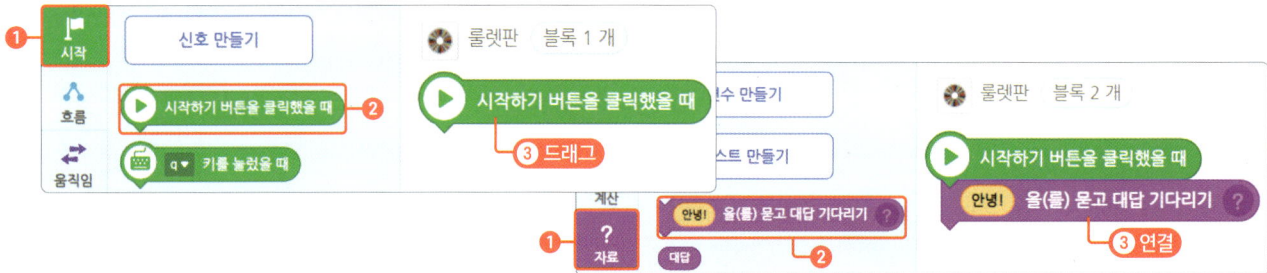

03 질문 내용(4칸 : 숫자 1 입력 / 6칸 : 숫자 2 입력)을 변경한 후 [흐름]에서 `2 초 기다리기`를 연결하고 초(1)를 변경해요.

TIP `안녕! 을(를) 묻고 대답 기다리기`

사용자에게 필요한 내용을 질문하고 해당 질문에 대한 답변을 이용하여 코드를 작성할 수 있어요. 질문의 답변 내용은 `대답` 블록에 자동으로 저장돼요.

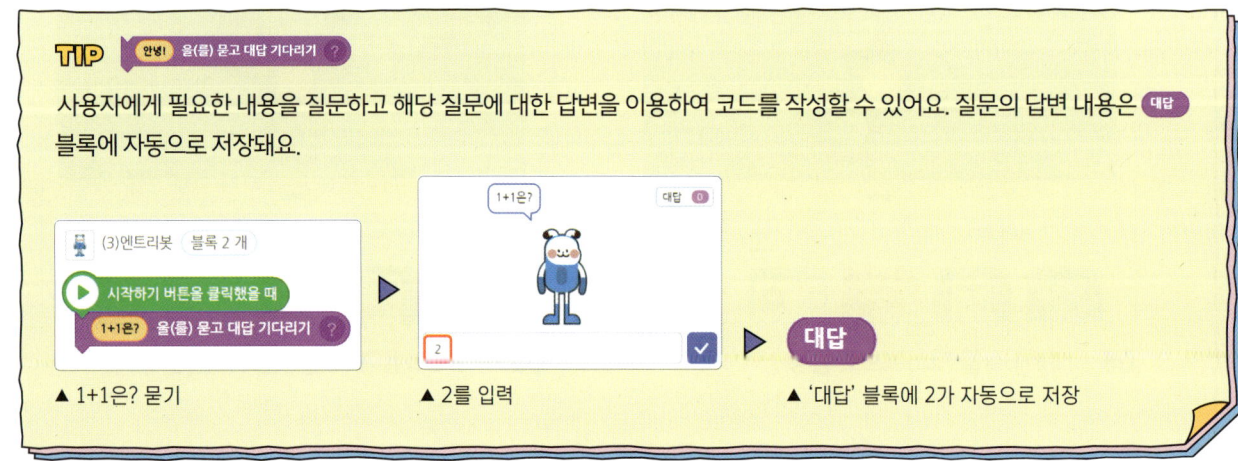

▲ 1+1은? 묻기   ▲ 2를 입력   ▲ '대답' 블록에 2가 자동으로 저장

04 질문에 대한 답변(대답)에 맞추어 룰렛판의 모양을 변경하기 위해 생김새에서 『기본▼ 모양으로 바꾸기』를 연결한 후 자료에서 『대답』을 기본에 끼워 넣어요.

> **TIP** 『대답』에 저장된 숫자 값(1 또는 2)
> ① 『대답』에는 숫자 1 또는 2가 저장되어 있기 때문에 대답에 맞추어 오브젝트 모양(『대답 모양으로 바꾸기』)이 변경돼요.
> ② 블록을 끼워 넣어 빠진 블록(『기본▼』)은 휴지통으로 드래그하여 삭제해요.

STEP 02 룰렛판을 클릭하여 회전시켜요.

01 룰렛판이 선택된 상태에서 시작의 『오브젝트를 클릭했을 때』를 블록 조립소로 드래그해요.

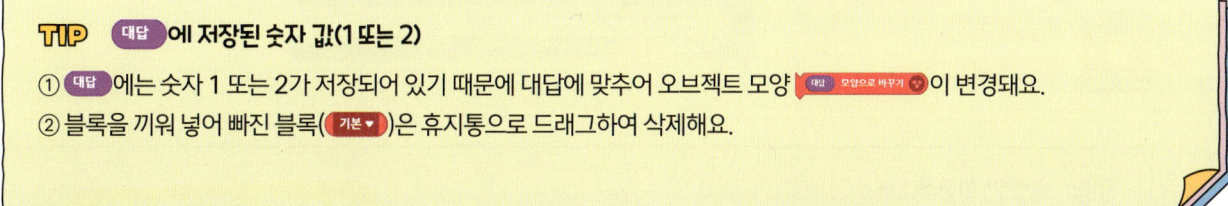

02 룰렛판을 클릭했을 1초를 기다리기 위해 흐름에서 『2 초 기다리기』를 연결하고 초(1)를 변경해요.

03 룰렛판 클릭 시 무작위 수로 반복하기 위해 [흐름]에서 [10 번 반복하기]를 연결해요.

04 [계산]에서 [0 부터 10 사이의 무작위 수]를 10에 끼워 넣은 후 값(100, 150)을 변경해요.

> **TIP** 룰렛판 회전수([100 부터 150 사이의 무작위 수])
> 룰렛판을 클릭했을 때 100~150번 사이의 특정 값만큼 회전시킬 수 있어요. 만약 더 많은 회전을 시키고 싶다면 값(예 : 150~200)을 변경해요.

05 룰렛판을 무작위 수만큼 반복하여 25도로 회전시키기 위해 [움직임]에서 [방향을 90° 만큼 회전하기]를 안쪽에 연결한 후 값(25)을 변경해요.

06 코드 작업이 끝나면 [▶시작하기]를 클릭하여 결과를 확인한 후 복사본으로 파일(홍길동_룰렛)을 저장해요.

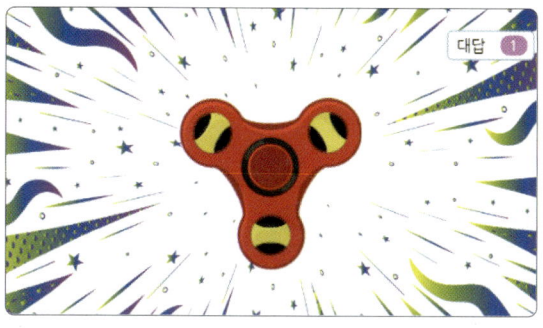

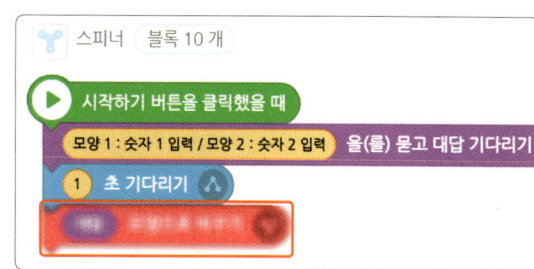

❶ **피젯 스피너.ent** 파일을 열어서 **스피너** 오브젝트를 선택해요.
❷ 질문에 대한 대답 내용에 맞추어 모양이 변경되도록 맨 아래쪽에 블록을 추가해 보세요.
　▶ [기본 모양으로 바꾸기] → [대답]
❸ ▶시작하기를 클릭하여 결과를 확인해 보세요.

✱ 부록으로 제공되는 스티커를 활용해, 내용에 알맞은 그림을 배치해 보아요!

	가장 친한 친구의 주사위
오늘은 선생님께서 각자 주사위를 가져오라고 하신 날이에요. 친구들이 가져온 주사위를 하나씩 올려놓으니 색도 모양도 모두 달라서 교실이 금세 알록달록해졌어요.	
	나의 주사위
교탁 위에는 선생님께서 준비해 두신, 교과서에서 봤던 것처럼 평범한 하얀 주사위도 놓여 있었어요.	
내 옆 자리 친구는 푸른색에 살짝 동글동글한 주사위를 들고 왔어요. 굴릴 때마다 반짝거리면서 데굴데굴 굴러가요.	선생님의 주사위
나와 가장 친한 친구의 이름은 김마린이에요. 마린이의 작고 노란 주사위는 꼭 봄 꽃처럼 귀여워서, 아이들 사이에서도 인기가 많았지요.	
부모님과 함께 마트에서 샀던 주사위는 여러 색으로 만들어졌어요. 손바닥에 올려 놓으면 자그마한 보석처럼 보인답니다!	짝꿍의 주사위

CHAPTER 18. 룰렛 만들기

CHAPTER 19 동계 스포츠 컬링

- 구글 두들 페탕크에서 공 던지기를 이용하여 마우스를 연습할 수 있어요.
- 오브젝트를 클릭하면 힘을 모으고 클릭을 해제하면 모은 힘만큼 밀어낼 수 있어요.

+ 실습 및 완성 파일 + 【Chapter 19】 폴더

AI + 인터넷 놀이터

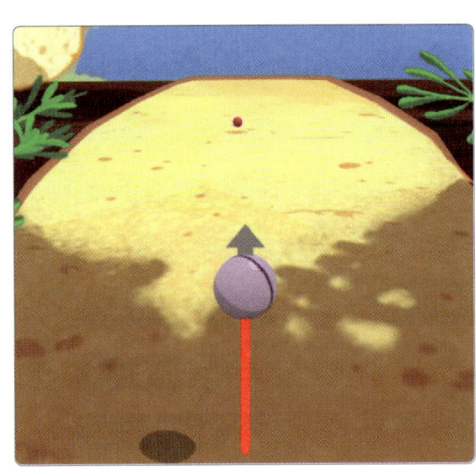 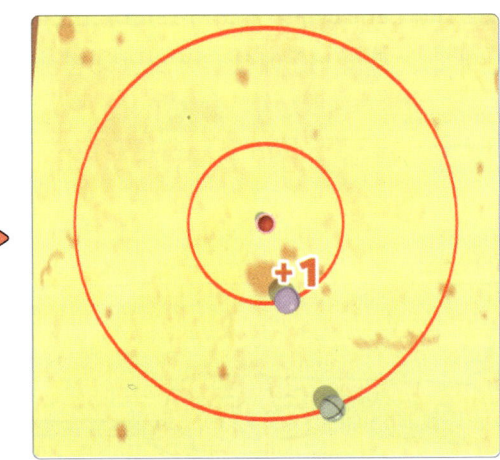

엔트리

AI + 인터넷 놀이터

01 ✦ 구글 두들을 실행한 후 ▶ 클릭

02 ✦ ▶ 클릭

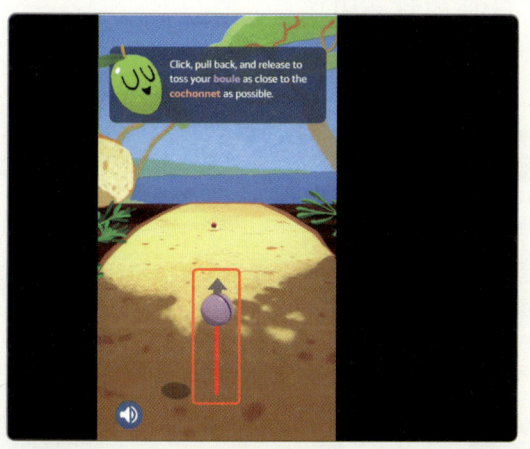

03 ✦ 튜토리얼이 나오면 마우스 왼쪽 버튼을 누른 채 뒤로 드래그하여 좌-우 방향을 맞춘 후 클릭 해제

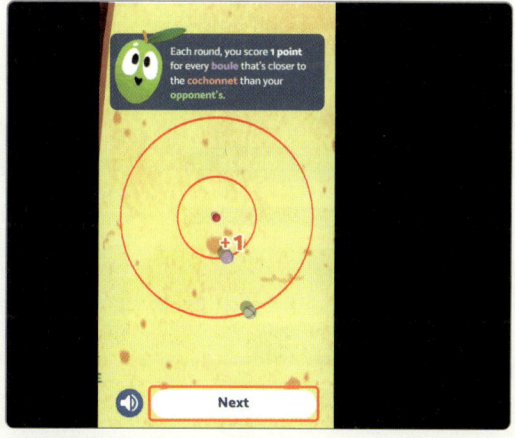

04 ✦ 결과 확인 후 <Next> 클릭

05 ✦ 게임이 시작되면 <Random match> 클릭

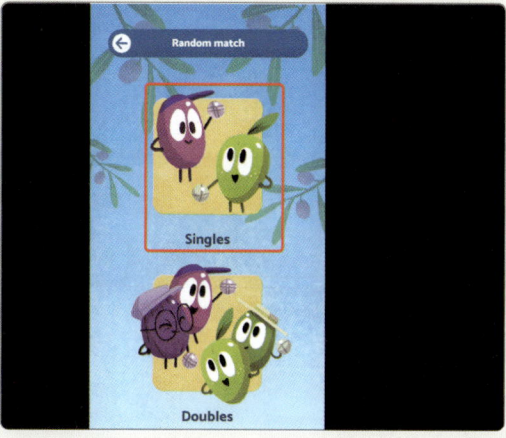

06 ✦ <Singles> 클릭

CHAPTER 19. 동계 스포츠 컬링

STEP 01 오브젝트를 누르고 있는 동안 힘을 모을 수 있어요.

01 [Chapter 19] 폴더에서 **컬링.ent** 파일을 더블클릭한 후 **스톤**을 선택해요. 시작에서 ▶시작하기 버튼을 클릭했을 때를 블록 조립소로 드래그해요.

02 **스톤**을 누르고 있는지 계속 확인하기 위해 흐름에서 계속 반복하기를 연결한 후 만일 참 (이)라면을 안쪽에 연결해요.

03 조건을 지정하기 위해 판단에서 오브젝트를 클릭했는가?를 참에 끼워 넣어요.

04 **스톤** 오브젝트를 누르고 있을 때 멀리 밀어낼 힘을 모으기 위해 자료에서 힘▼ 에 10 만큼 더하기를 안쪽에 연결한 후 값(1)을 변경해요.

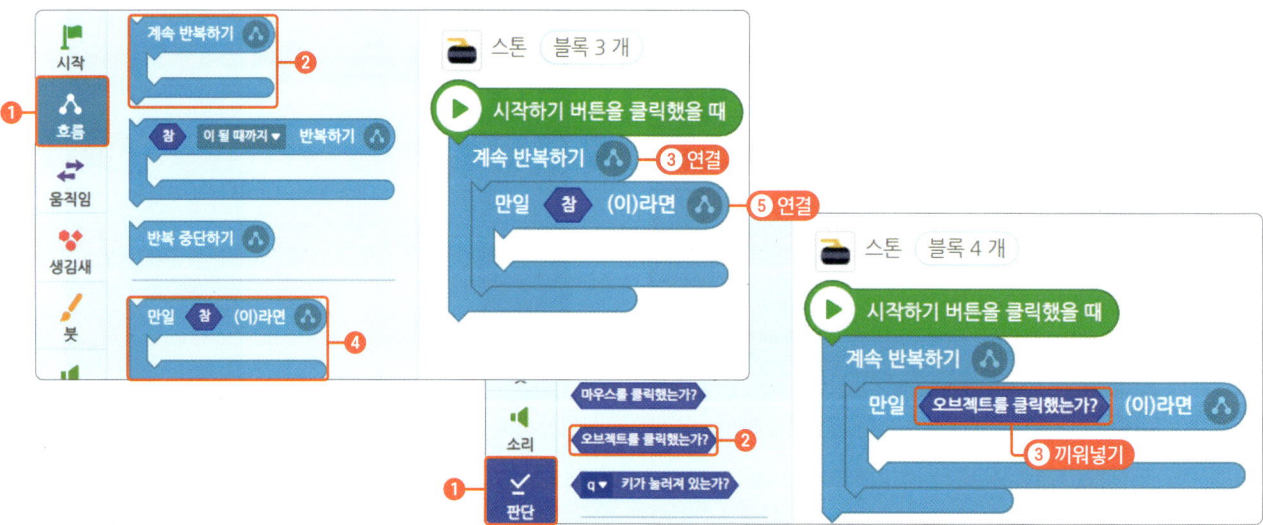

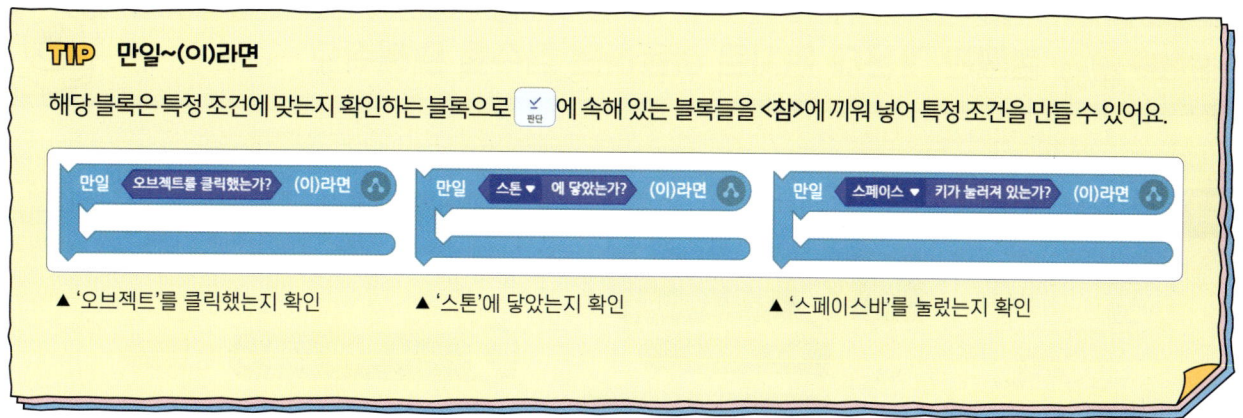

STEP 02 오브젝트 클릭을 해제했을 때 스톤을 밀어낼 수 있어요.

01 스톤이 선택된 상태에서 의 오브젝트 클릭을 해제했을 때 를 블록 조립소로 드래그해요.

02 오브젝트 클릭을 해제했을 때 힘의 값만큼 스톤을 밀기 위해 움직임 에서 2초 동안 x: 10 y: 10 위치로 이동하기 를 연결한 후 초(1)와 y(-68) 값만 변경해요. 자료 에서 힘 값 을 x: 10에 끼워 넣어요.

03 스톤이 컬링판 위치로 이동한 후 점수 결과를 확인하기 위해 시작 에서 결과 신호 보내기 를 연결해요.

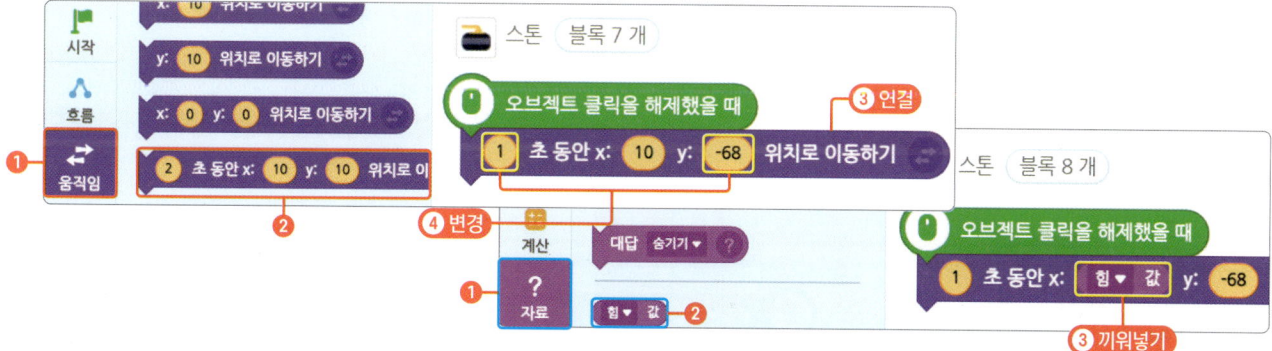

STEP 03 컬링판 가운데 위치로 이동하면 점수를 말해줘요.

01 오브젝트 목록에서 **점수**를 선택한 후 [시작]에서 [결과▼ 신호를 받았을 때]를 블록 조립소로 드래그해요.

02 점수판에 스톤이 닿았는지 계속 확인하기 위해 [흐름]에서 [계속 반복하기]를 연결한 후 [만일 참 (이)라면]을 안쪽에 연결해요.

03 조건을 지정하기 위해 [판단]에서 [마우스포인터▼ 에 닿았는가?]를 **참**에 끼워 넣은 후 **스톤**으로 변경해요.

04 점수판에 스톤이 닿았다면 10점이라고 말하기 위해 [생김새]에서 [안녕! 을(를) 말하기▼]를 안쪽에 연결한 후 내용(**10점**)을 변경해요.

05 코드 작업이 끝나면 ▶시작하기를 클릭하여 결과를 확인한 후 복사본으로 파일(**홍길동_컬링**)을 저장해요.

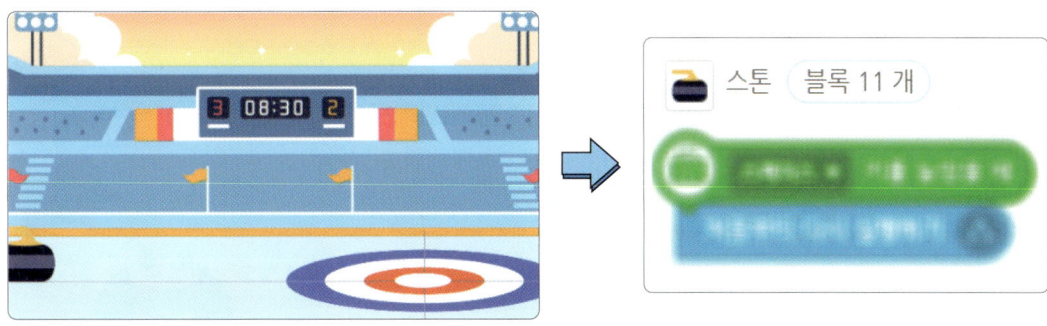

❶ **스톤** 오브젝트를 선택해요.
❷ 스페이스 키를 눌렀을 때 게임이 처음부터 다시 시작되도록 코드를 작성해요.
　▶ [q 키를 눌렀을 때] → [처음부터 다시 실행하기]
❸ ▶시작하기를 클릭하여 게임을 실행한 후 스페이스바를 눌렀을 때 처음부터 다시 실행되는지 확인해요.

창의 그림 퀴즈 놀이

✱ 캐치마인드 그림과 힌트를 살펴보고, 정답을 알맞게 작성해 보아요!

CHAPTER 20 쓰레기 분리수거

- Code.org에서 인공지능을 학습시켜 '물고기'와 '쓰레기'를 자동으로 분류시킬 수 있어요.
- 종이, 플라스틱, 유리, 캔을 분리하여 쓰레기통에 버릴 수 있어요.

+ 실습 및 완성 파일 + **[Chapter 20] 폴더**

AI + 인터넷 놀이터

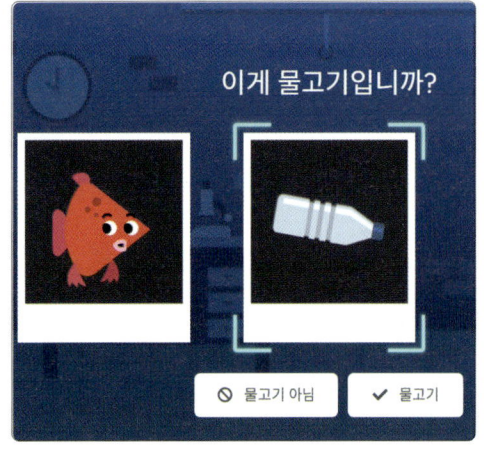
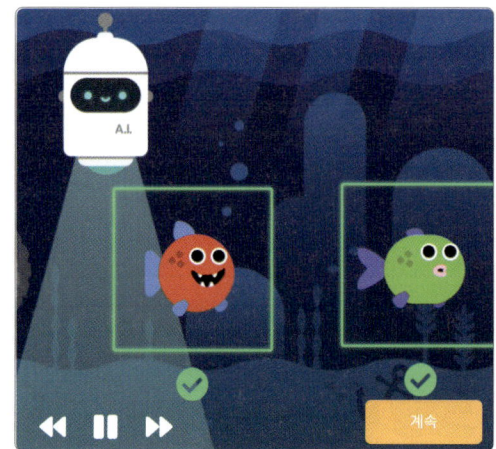

엔트리

AI + 인터넷 놀이터

01 ✦ 내용을 읽고 화면을 클릭

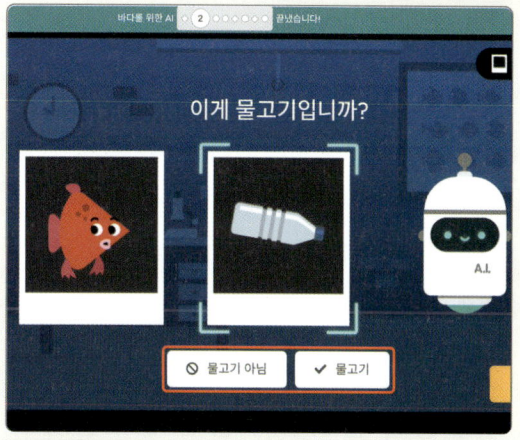

02 ✦ '물고기'와 '쓰레기'를 구분하여 버튼을 클릭

03 ✦ 같은 작업을 반복하여 인공지능을 학습시킴

04 ✦ 50개 이상 학습을 시켰으면 <계속> 클릭

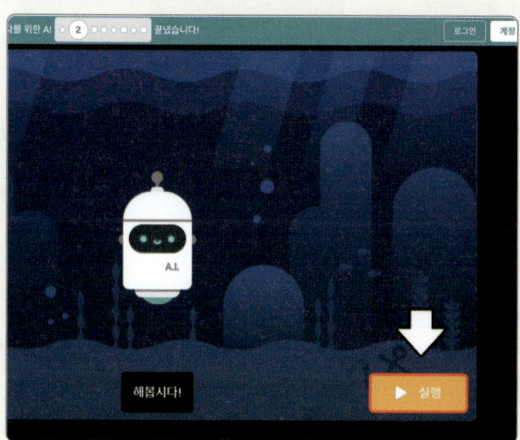

05 ✦ <실행> 클릭

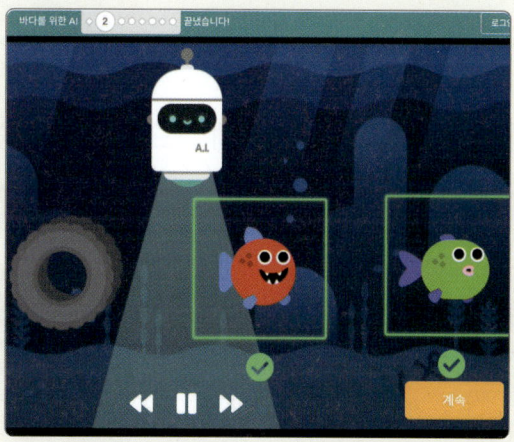

06 ✦ 학습된 내용을 바탕으로 '물고기'와 '쓰레기'가 자동으로 분류되는 것을 확인

STEP 01 종이가 종이 분리수거 통에 닿으면 모양을 숨겨요.

01 [Chapter 20] 폴더에서 **분리수거.ent** 파일을 더블클릭한 후 **종이**를 선택해요.  에서  를 블록 조립소로 드래그해요.

02 **종이**가 종이 분리수거 통에 닿았는지 계속 확인하기 위해 [흐름]에서 [계속 반복하기]를 연결한 후 [만일 참 (이)라면]을 안쪽에 연결해요.

03 조건을 지정하기 위해 [판단]에서 [마우스포인터▼ 에 닿았는가?]를 **참**에 끼워 넣은 후 **종이(통)**으로 변경해요.

04 **종이**가 종이 분리수거 통에 닿으면 모양을 숨기기 위해 [생김새]에서 [모양 숨기기]를 안쪽에 연결해요.

STEP 02 신호를 보낸 후 마우스 포인터 위치로 이동시켜요.

01 **종이**가 선택된 상태에서 시작의 `오브젝트를 클릭했을 때`를 블록 조립소로 드래그해요.

02 종이를 클릭했을 때 특정 오브젝트로 신호를 보내기 위해 `종이 신호 보내기`를 연결해요.

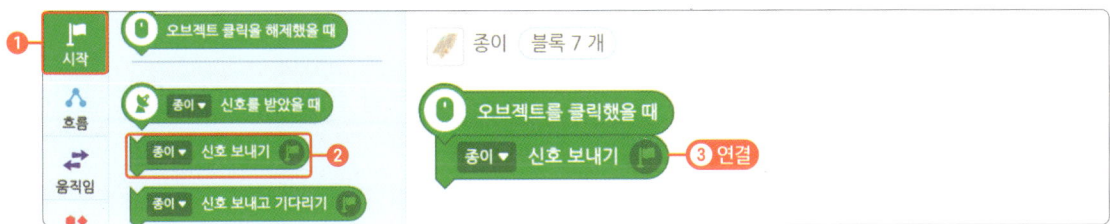

03 종이가 마우스 포인터 위치로 계속 이동하도록 호름에서 `계속 반복하기`를 연결해요. 움직임에서 `종이 위치로 이동하기`를 안쪽에 연결한 후 **마우스포인터**로 변경해요.

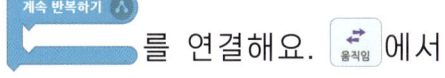

04 '종이 신호'를 받았을 때 처리하기 위해 **종이(통)**을 선택한 후 시작의 `종이 신호를 받았을 때`를 블록 조립소로 드래그해요.

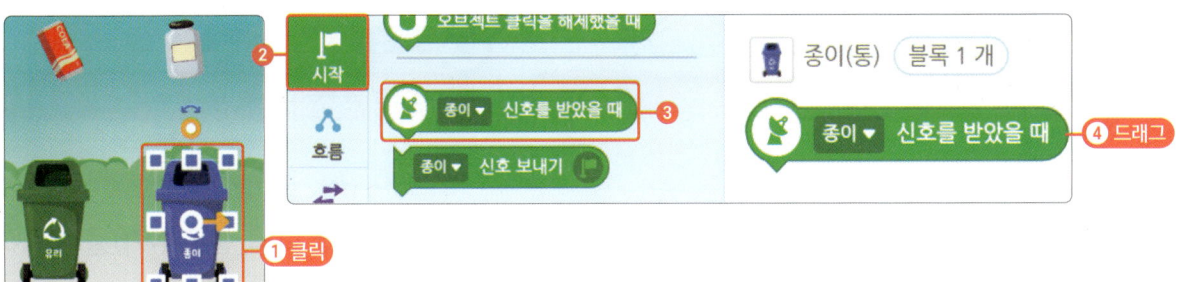

CHAPTER 20. 쓰레기 분리수거

05 '종이 신호'를 받았을 때 2초 동안 말하기 위해 [생김새]에서 [안녕! 을(를) 4 초 동안 말하기]를 연결한 후 내용(**종이는 여기로 분리수거~**)과 초(**2**)를 변경해요.

STEP 03 코드를 복사하여 다른 오브젝트에 붙여넣고 수정해요.

01 코드를 복사하기 위해 [종이 신호를 받았을 때] 위에서 마우스 오른쪽 버튼을 눌러 [**코드 복사**]를 클릭해요.

02 오브젝트 목록에서 **유리(통)**을 선택한 후 블록 조립소에서 마우스 오른쪽 버튼을 눌러 [**붙여넣기**]를 클릭해요. 코드가 복사되면 신호(**유리**)와 내용(**유리는 여기로 분리수거~**)을 변경해요.

03 똑같은 방법으로 **플라스틱(통)**과 **고철(통)**에도 복사한 코드를 붙여 넣은 후 신호(**플라스틱, 고철**)와 내용(**플라스틱은 여기로..., 고철은 여기로...**)을 변경해요.

▲ 플라스틱(통)   ▲ 고철(통)

04 코드 작업이 끝나면 [▶ 시작하기]를 클릭하여 결과를 확인한 후 파일(**홍길동_분리수거**)을 저장해요.

▲ '플라스틱' 오브젝트(코드 복사 후 변경)

❶ **종이** 오브젝트를 선택하여 2개의 코드를 확인해요.

❷ **[오브젝트를 클릭했을 때]** 코드를 복사하여 '플라스틱', '유리', '고철'에 붙여넣은 후 신호(**플라스틱, 유리, 고철**)를 변경해요.

❸ **[시작하기 버튼을 클릭했을 때]** 코드를 복사하여 '플라스틱', '유리', '고철'에 붙여넣은 후 조건(**플라스틱(통), 유리(통), 고철(통)**)를 변경해요.

❹ ▶ 시작하기를 클릭한 후 쓰레기 종류에 맞게 분리수거를 해요.

창의 그림 퀴즈 놀이

❋ 캐치마인드 그림과 힌트를 살펴보고, 정답을 알맞게 작성해 보아요!

카드 기억력 테스트

- 구글 기억력 게임을 이용하여 기억력을 테스트할 수 있어요.
- 오브젝트 모양 이름이 같으면 모양을 숨기고 그렇지 않으면 지정된 모양으로 변경해요.

AI + 인터넷 놀이터

+ 실습 및 완성 파일 + 【Chapter 21】 폴더

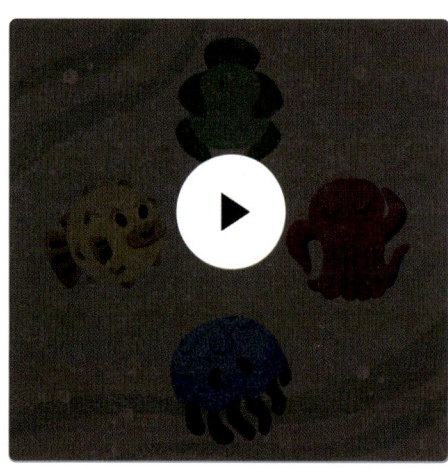 

엔트리

AI + 인터넷 놀이터

01 ✦ 구글 기억력 게임에서 <플레이> 클릭

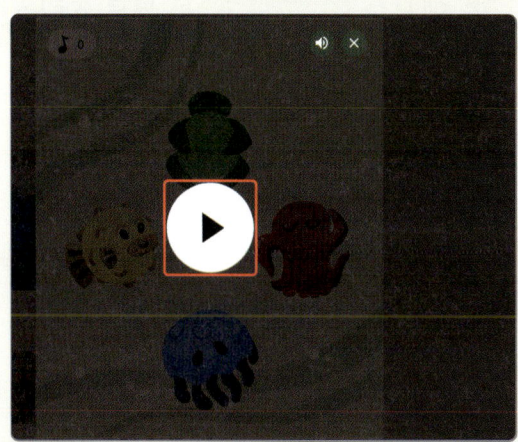

02 ✦ ▶ 클릭

03 ✦ 튜토리얼이 나오면 마우스 커서가 있는 동물을 클릭

TIP 기억력 게임 방법

4개의 동물이 무작위 순서로 움직이면 해당 순서를 기억해 두었다가 순서에 맞추어 차례대로 동물을 클릭해요.

04 ✦ 움직이는 순서에 맞추어 동물들을 클릭

05 ✦ 게임이 끝나면 <다시 하기> 클릭

CHAPTER 21. 카드 기억력 테스트

STEP 01 2초 동안 카드 그림을 보여준 후 기본 모양으로 바꿔요.

01 [Chapter 21] 폴더에서 **기억력 게임.ent** 파일을 더블클릭한 후 오브젝트 목록에서 **카드1**을 선택해요. 에서 를 블록 조립소로 드래그해요.

02 게임이 시작되면 2초 동안 카드 뒷면 그림을 보여주기 위해 에서 를 연결한 후 에서 를 연결해요.

03 2초가 지나면 카드 앞면으로 모양을 변경하기 위해 에서 를 연결해요.

> **TIP 카드 모양 및 모양 이름**
> 카드 모양은 앞면(기본 모양)과 뒷면(그림) 2개로 구성되어 있으며, 8개의 카드 중에서 선택된 2개의 카드 모양 이름(카드1 = 카드1)이 같으면 해당 카드의 모양을 숨겨요.

▲ 카드 앞면   ▲ 카드 뒷면   ▲ 카드 모양(2개) 및 모양 이름(카드1)

STEP 02 카드 모양 이름을 비교하여 참과 거짓을 판단해요.

01 카드1이 선택된 상태에서 [시작]의 [오브젝트를 클릭했을 때]를 블록 조립소로 드래그해요.

02 카드를 클릭했을 때 뒷면으로 모양을 바꾸기 위해 [생김새]에서 [카드 앞면▼ 모양으로 바꾸기]를 연결한 후 모양(**카드1**)을 변경해요.

03 2초 후에 '참'과 '거짓'을 확인하기 위해 [흐름]에서 [2초 기다리기]와 [만일 참 (이)라면 아니면]을 연결해요.

04 2개의 카드 모양 이름이 같은지 판단하기 위해 [판단]에서 [10 = 10]을 **참**에 끼워 넣어요.

05 [계산]에서 [카드1▼ 의 x좌푯값▼]을 왼쪽과 오른쪽 10에 각각 끼워 넣고 오브젝트 이름(**카드1-1**)을 변경한 후 **모양 이름**으로 지정해요.

06 '카드1'과 '카드1-1'의 모양 이름이 같으면 모양을 숨기고 다르면 카드 앞면으로 모양을 바꾸기 위해 생김새 에서 모양 숨기기 와 카드 앞면 모양으로 바꾸기 를 **(이)라면**과 **아니면** 안쪽에 연결해요.

STEP 03 코드를 복사하여 같은 그림 카드에 붙여넣고 수정해요.

01 **카드1**의 모든 코드를 복사하여 그림이 같은 **카드1-1**에 붙여넣어요.

▲ 코드 복사   ▲ 코드 복사   ▲ 카드1-1에 붙여넣기(코드 2개)

02 카드1-1에 코드가 복사되어 모양 바꾸기 대상이 **대상 없음**()으로 나오면 **카드1**과 **카드 앞면**으로 각각 변경해요.

▲ 카드 1-1 오브젝트 코드 수정

03 코드 작업이 끝나면 시작하기를 클릭하여 결과를 확인한 후 복사본으로 파일(홍길동_기억력)을 저장해요. 단, 카드를 클릭할 때는 천천히 2개의 카드만 선택하여 결과를 확인한 후 카드 모양이 바뀌거나 사라지면 다시 2개의 카드를 선택하세요.

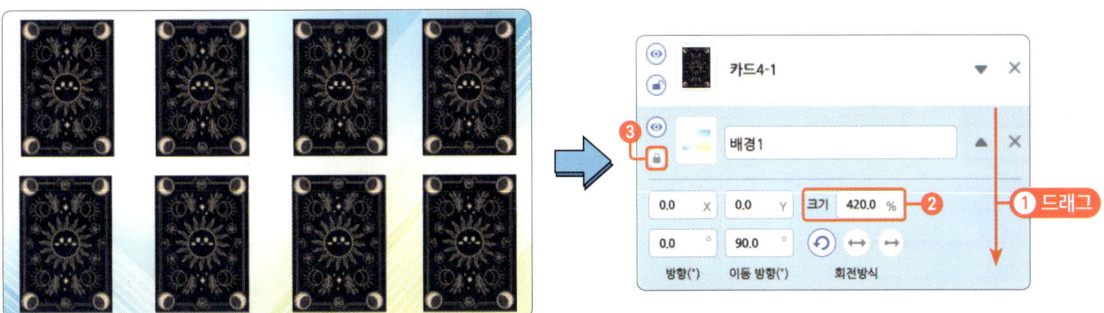

❶ 배경을 추가하기 위해 +오브젝트 추가하기 -[파일 올리기]-[파일 올리기]를 클릭해요.
❷ [Chapter 21] 폴더에서 원하는 배경(**배경1~배경8**)을 선택한 후 <추가하기>를 클릭해요.
❸ 오브젝트 목록에 추가된 배경을 맨 아래쪽으로 드래그하여 순서를 변경해요.
❹ 크기를 **420%**로 변경한 후 **잠그기**( )클릭해요.
❺ ▶시작하기를 클릭하여 배경이 포함된 기억력 게임을 실행해요.

✱ 캐치마인드 그림과 힌트를 살펴보고, 정답을 알맞게 작성해 보아요!

CHAPTER 21. 카드 기억력 테스트

팩맨 게임 만들기

- 구글 팩맨을 이용하여 키보드 방향키를 연습할 수 있어요.
- 키보드 방향키를 눌렀을 때 오브젝트가 해당 방향으로 이동할 수 있어요.

+ 실습 및 완성 파일 + **[Chapter 22] 폴더**

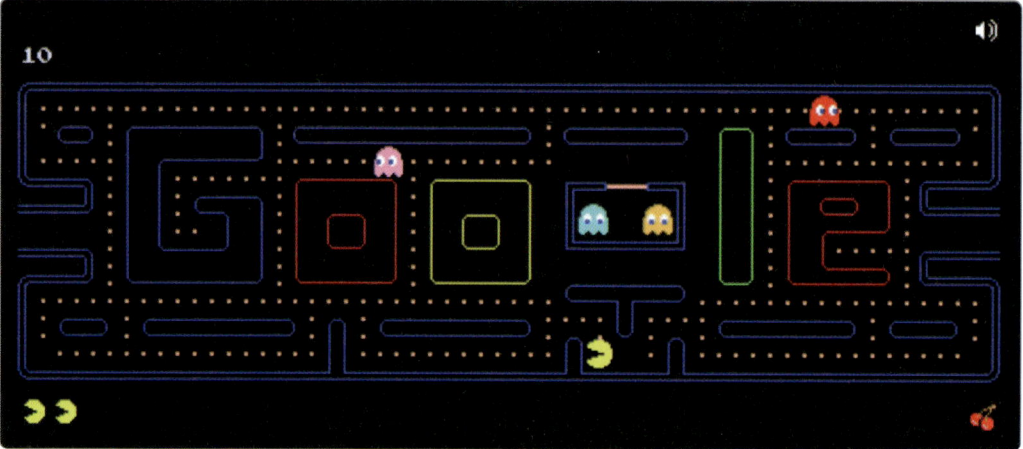

AI + 인터넷 놀이터

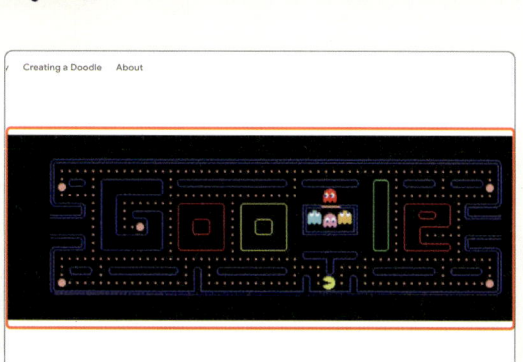

01 ✦ 구글 팩맨이 실행되면 화면을 클릭

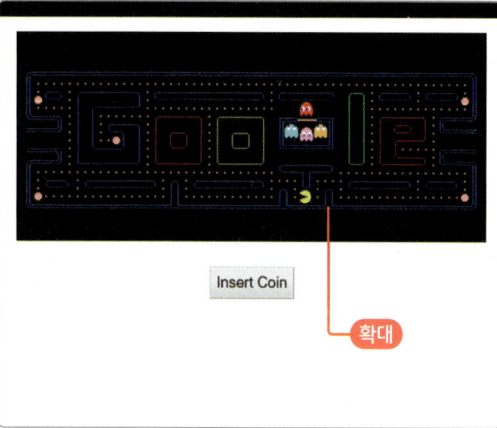

02 ✦ Ctrl 을 누른 채 마우스 휠을 위로 굴려 화면을 확대

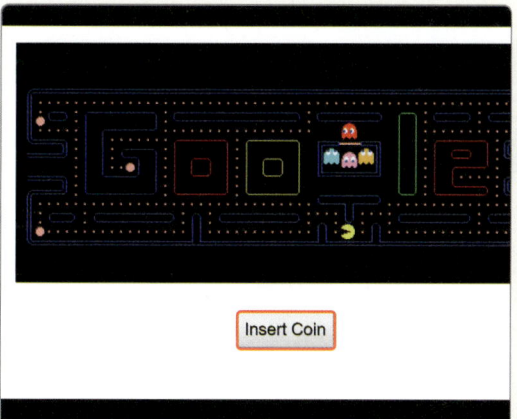

03 ✦ 확대된 화면에서 <Insert Coin> 클릭

> **TIP 2인 게임 방법**
>
> 2명이 팩맨 게임을 하고자 할 때는 <Insert Coin>을 연속으로 2번 누르면 돼요. 1P는 키보드 방향키(←, →, ↑, ↓)로 조종하고, 2P는 A, S, D, W로 조종해요.
>
>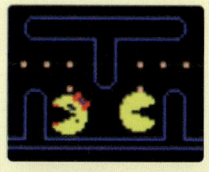

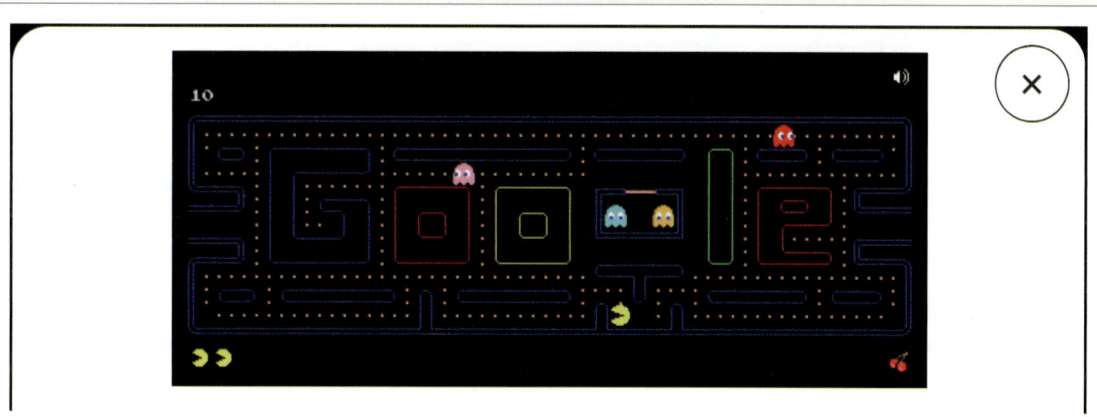

04 ✦ 키보드 방향키(←, →, ↑, ↓)를 이용하여 팩맨을 조종

CHAPTER 22. 팩맨 게임 만들기 **143**

STEP 01 0.1초 간격으로 팩맨 모양을 변경해요.

01 [Chapter 22] 폴더에서 **팩맨.ent** 파일을 더블클릭한 후 **팩맨**을 선택해요. 에서 를 블록 조립소로 드래그해요.

02 0.1초 간격으로 무한 반복하기 위해 에서 를 연결해요. 이어서, 를 안쪽에 연결한 후 초(0.1)를 변경해요

03 0.1초 간격으로 팩맨 모양을 바꾸기 위해 에서 를 안쪽에 연결해요.

STEP 02 키보드 방향키를 이용하여 팩맨을 조종해요.

01 **팩맨**이 선택된 상태에서 의 를 블록 조립소로 드래그한 후 q를 클릭하여 **오른쪽 화살표**로 변경해요.

02 오른쪽 방향키를 눌렀을 때 팩맨이 오른쪽으로 움직이도록 움직임 에서 x좌표를 10 만큼 바꾸기 를 연결한 후 값(3)을 변경해요.

03 코드를 복사하여 붙여넣기 위해 오른쪽 화살표▼ 키를 눌렀을 때 위에서 마우스 오른쪽 버튼을 눌러 [코드 복사 & 붙여넣기]를 클릭해요. 현재 위치에 코드가 복사되면 키(**왼쪽 화살표**)와 값(**-3**)을 변경해요.

> **TIP** X-Y 좌표
> ① X좌표는 오브젝트를 오른쪽(양수) 또는 왼쪽(음수)으로 이동시킬 수 있어요.
> ② Y좌표는 오브젝트를 위쪽(양수) 또는 아래쪽(음수)으로 이동시킬 수 있어요.
> ③ X좌표값을 3(양수)으로 입력하면 오른쪽으로 3만큼 이동하고, -3(음수)을 입력하면 왼쪽으로 3만큼 이동해요.
> ④ Y좌표값을 3(양수)으로 입력하면 위쪽으로 3만큼 이동하고, -3(음수)을 입력하면 아래쪽으로 3만큼 이동해요.

04 똑같은 방법으로 y좌표를 10 만큼 바꾸기 를 이용하여 **위쪽 화살표**를 눌렀을 때는 위쪽, **아래쪽 화살표**를 눌렀을 때는 아래쪽으로 움직이도록 아래 그림처럼 코드를 추가해요.

CHAPTER 22. 팩맨 게임 만들기 **145**

STEP 03 악당이 3초 간격으로 좌-우 방향을 바꿔 계속 이동해요.

01 악당을 선택한 후 에서 ▶시작하기 버튼을 클릭했을 때 를 블록 조립소로 드래그해요.

> **TIP 미완성 코드**
> '악당'은 연습문제 작업에 필요한 미완성된 코드가 미리 작성되어 있으니 신경쓰지 마세요.^^

02 좌-우 이동을 무한 반복하기 위해 [호름]에서 [계속 반복하기]를 연결한 후 [움직임]에서 [2 초 동안 x: 10 y: 10 위치로 이동하기] 두 개를 안쪽에 연결해요.

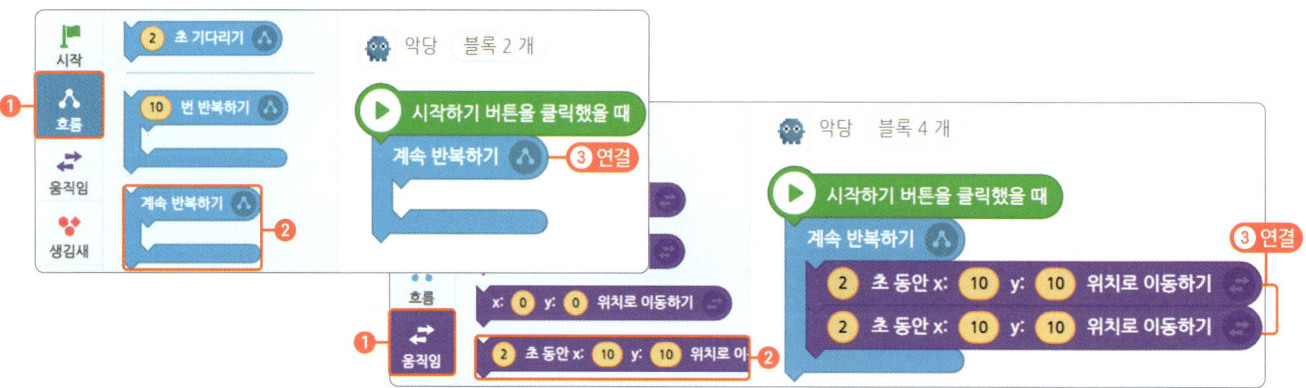

03 안쪽에 연결된 첫 번째 블록은 3초 동안 왼쪽으로 이동하도록 값(3, -150, 105)을 변경하고, 두 번째 블록은 3초 동안 오른쪽으로 이동하도록 값(3, 80, 105)을 변경해요.

04 코드 작업이 끝나면 ▶시작하기를 클릭하여 팩맨을 실행한 후 복사본으로 파일(홍길동_팩맨)을 저장해요.

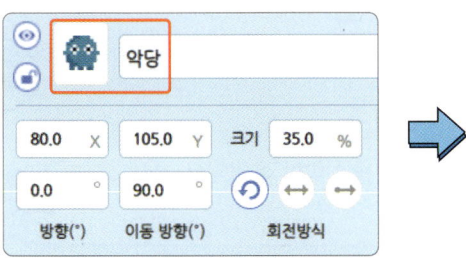 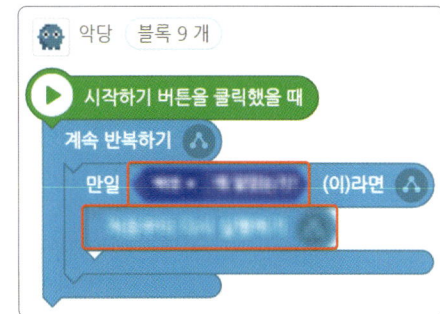

❶ **악당** 오브젝트를 선택해요.
❷ '팩맨'이 '악당'에 닿았을 경우 게임이 처음부터 다시 실행되도록 미완성된 코드에 블록을 추가하여 완성하세요.

▶ [마우스포인터에 닿았는가] → [처음부터 다시 실행하기]

❸ ▶시작하기를 클릭하여 팩맨이 악당에 닿았을 때 처음부터 다시 실행되는지 결과를 확인해 보세요.

✲ 부록으로 제공되는 스티커를 활용해, 에도쿠 퍼즐을 완성해 보아요!

◀ STEP 01 ▶
표의 가로 줄에
똑같은 그림을 배치하지 않아요.

◀ STEP 02 ▶
표의 세로 줄에
똑같은 그림을 배치하지 않아요.

◀ STEP 03 ▶
빈 칸에 들어갈
스티커를 찾아 붙여주세요.

CHAPTER 22. 팩맨 게임 만들기 147

신나는 할로윈데이

- 구글 할로윈을 이용하여 마우스를 연습할 수 있어요.
- 초시계를 이용하여 일정 시간이 지나면 다음 장면을 시작할 수 있어요.

AI + 인터넷 놀이터

+ 실습 및 완성 파일 + [Chapter 23] 폴더

엔트리

AI + 인터넷 놀이터

01 ✦ 구글 두들 할로윈이 실행되면 화면을 클릭

02 ✦ ▶ 클릭

03 ✦ 원하는 캐릭터를 선택

> **TIP 게임 방법**
> 캐릭터가 땅으로 떨어지지 않고 캔디에 닿을 수 있도록 마우스 왼쪽 버튼을 계속 클릭해요. 단, 캔디의 위치가 다르기 때문에 클릭 속도를 잘 조절해야 해요.
>
>

04 ✦ 캐릭터가 캔디에 닿을 수 있도록 클릭 템포로 조종

05 ✦ 결과 확인

CHAPTER 23. 신나는 할로윈데이 149

STEP 01 [장면1]에서 마녀를 선택하여 코드를 작성해요.

01 [Chapter 23] 폴더에서 **할로윈.ent** 파일을 더블클릭한 후 [장면1]에서 **마녀**를 선택해요. 에서 시작하기 버튼을 클릭했을 때를 블록 조립소로 드래그해요.

02 ▶시작하기를 클릭하면 초시계가 시작되도록 [계산]에서 [초시계 시작하기]를 연결해요.

03 마녀를 아래로 계속 떨어뜨리기 위해 [흐름]에서 [계속 반복하기]를 연결한 후 [움직임]에서 [y 좌표를 10 만큼 바꾸기]를 안쪽에 연결하고 값(-1)을 변경해요.

04 조건 판단을 위해 [흐름]에서 [만일 참 (이)라면]을 안쪽에 연결해요.

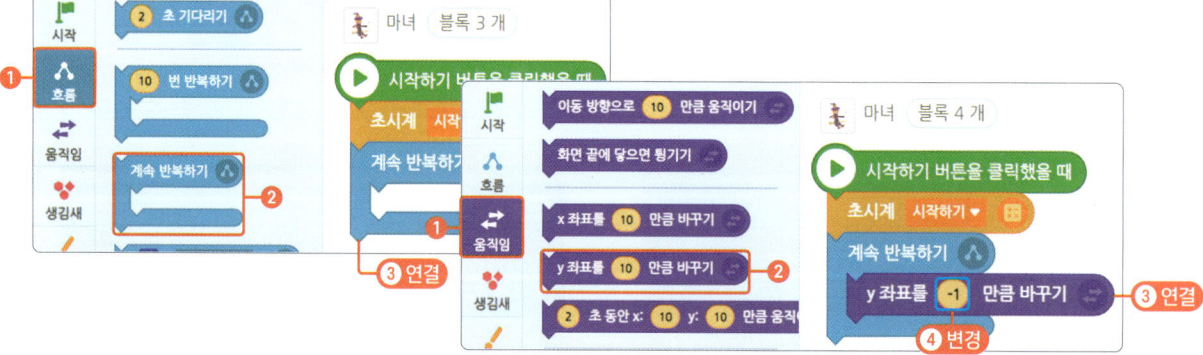

05 초시계 값이 30보다 큰지 판단하기 위해 [판단]에서 `10 < 10`를 **참**에 끼워 넣어요. [계산]에서 `초시계 값`을 오른쪽 10에 끼워 넣은 후 왼쪽 10을 **30**으로 변경해요.

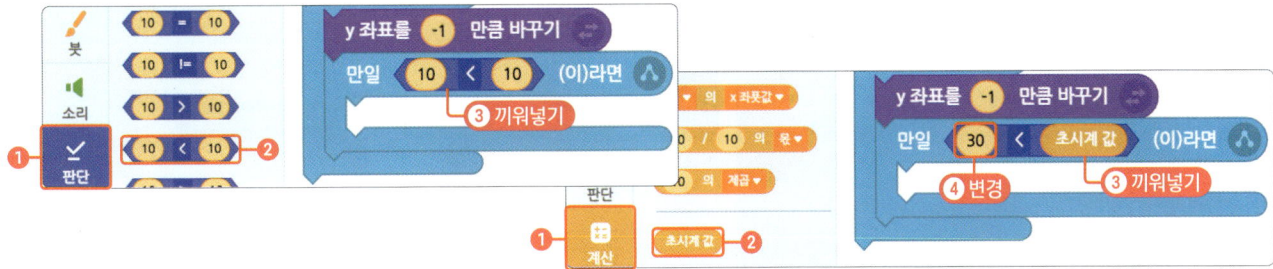

06 초시계 값이 30보다 크면 다음 장면을 시작하기 위해 [시작]에서 `다음▼ 장면 시작하기`를 안쪽에 연결해요.

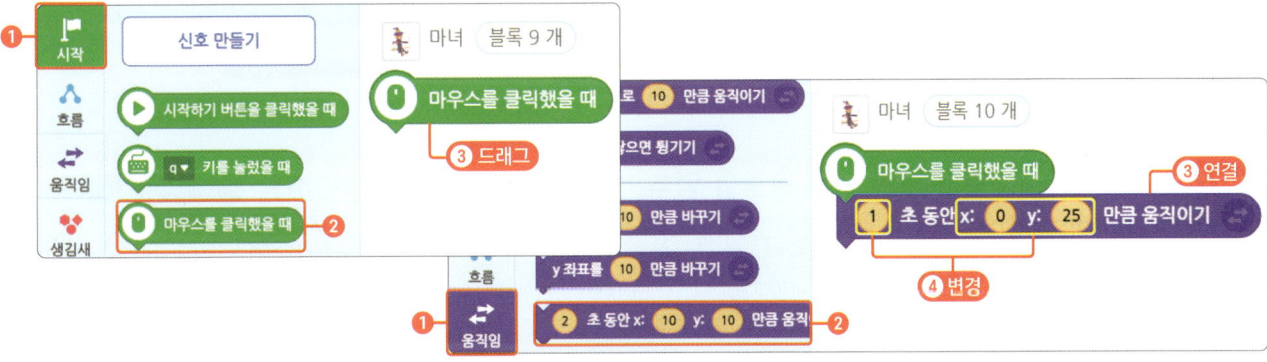

07 실행 화면을 클릭하면 마녀가 위로 올라가도록 [시작]에서 `마우스를 클릭했을 때`를 블록 조립소로 드래그해요. [움직임]에서 `2 초 동안 x: 10 y: 10 만큼 움직이기`를 연결한 후 값(**1, 0, 25**)을 변경해요.

STEP 02 코드를 복사하여 [장면2]의 마녀에 붙여 넣은 후 코드를 수정해요.

01 [장면1]에서 마녀에 작성된 코드 2개를 복사하여 **[장면2]**의 **마녀**에 붙여넣어요.

CHAPTER 23. 신나는 할로윈데이 **151**

02 [장면2]의 **마녀**에 2개의 코드가 복사되면 아래 그림처럼 `초시계 시작하기` 아래쪽의 블록을 드래그하여 분리시켜요.

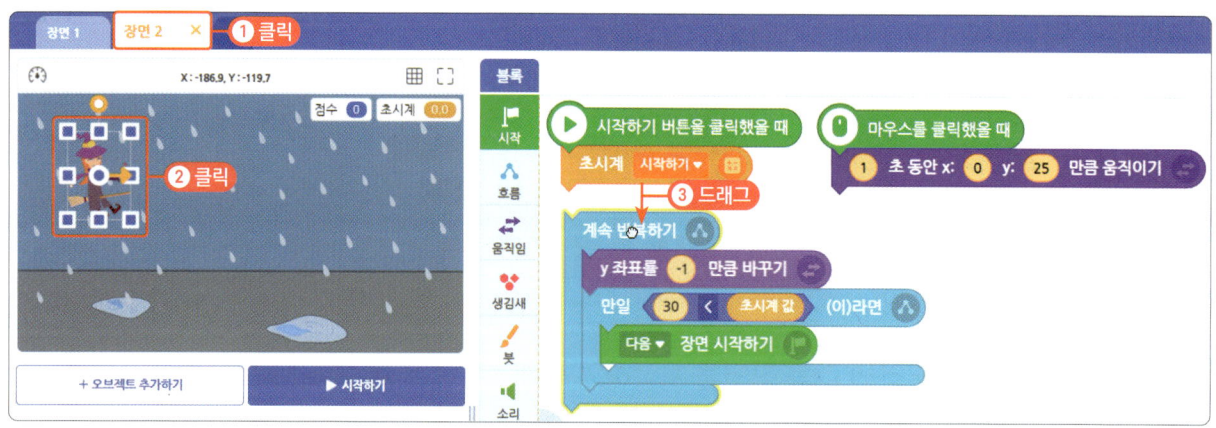

03 시작 블록을 변경하기 위해 `시작하기 버튼을 클릭했을 때 / 초시계 시작하기`를 휴지통으로 드래그한 후 `시작`에서 `장면이 시작되었을 때`를 블록 위쪽에 연결해요.

▲ 휴지통으로 드래그(삭제)

04 초시계 값이 60보다 크면 모든 코드를 멈추기 위해 30을 **60**으로 변경해요. `다음 장면 시작하기`를 휴지통으로 드래그하여 삭제한 후 해당 위치에 `흐름`에서 `모든 코드 멈추기`를 연결해요.

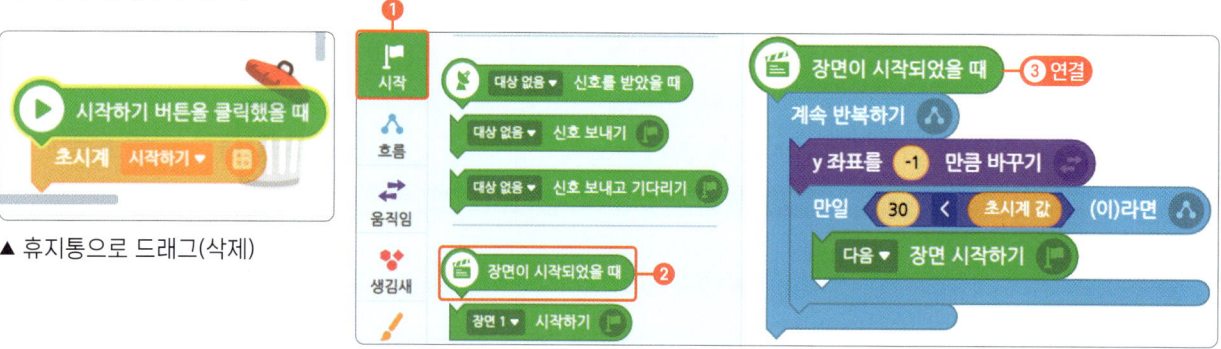

05 코드 작업이 끝나면 [장면1]에서 `▶ 시작하기`를 클릭하여 결과를 확인한 후 복사본으로 파일(홍길동_할로윈)을 저장해요.

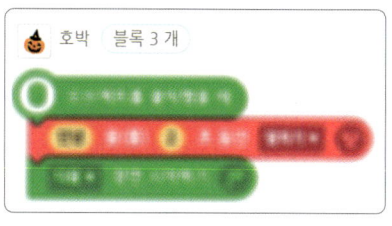

▲ [장면1] 호박

▲ [장면2] 글자

❶ **장면전환.ent** 파일을 열어서 [장면1]의 **호박**을 선택해요.

❷ 오브젝트를 클릭했을 때 안녕을 2초 동안 말한 후 다음 장면이 실행되도록 코드를 작성해요.
   ▶ [오브젝트를 클릭했을 때] → [[안녕!] 을(를) 4초 동안 말하기] → [다음 장면 시작하기]

❸ [장면2]에서 **글자**를 선택해요. 장면이 시작되었을 때 크기를 15번 바꾸도록 블록을 추가해요.
   ▶ [장면이 시작되었을 때]

❹ [장면1]에서 를 클릭하여 결과를 확인해 보세요.

그림 퀴즈 놀이

❋ 캐치마인드 그림과 힌트를 살펴보고, 정답을 알맞게 작성해 보아요!

정답

HINT

만	중	짬	피
허	뽕	식	짜
장	마	두	양

스네이크 게임 만들기

CHAPTER 24

- 구글 스네이크를 이용하여 방향키를 연습할 수 있어요.
- 사과 오브젝트의 복제본을 만들어서 무작위 x-y 좌표 위치로 이동시킬 수 있어요.

+ 실습 및 완성 파일 + **[Chapter 24] 폴더**

AI + 인터넷 놀이터

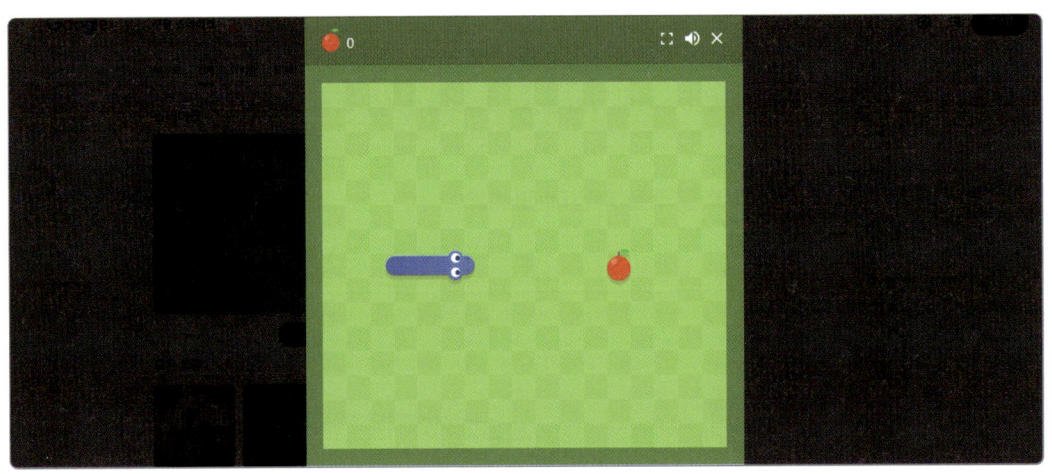

엔트리

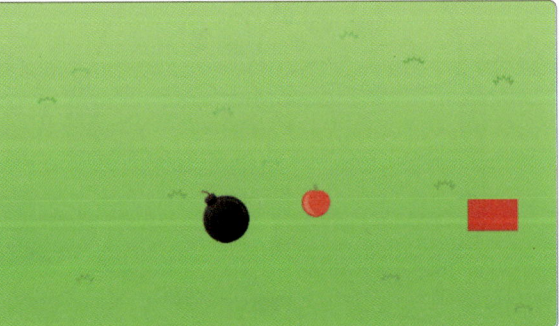

AI + 인터넷 놀이터

01 ✦ 구글 스네이크에서 <플레이> 클릭

02 ✦ 화면이 바뀌면 [▶ 플레이] 클릭

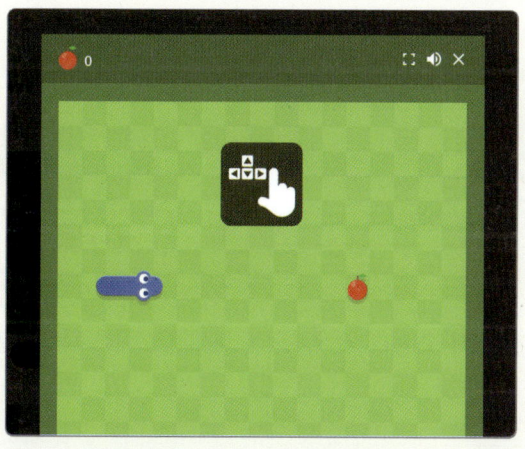

03 ✦ 방향키를 눌러 사과 위치로 이동

TIP 게임 방법

키보드 방향키(←, →, ↑, ↓)로 뱀을 조종하여 사과를 먹으면 돼요. 뱀은 사과를 먹을 때마다 길이가 조금씩 늘어나며 뱀의 머리가 '몸통' 또는 '벽'에 닿으면 게임이 종료돼요.

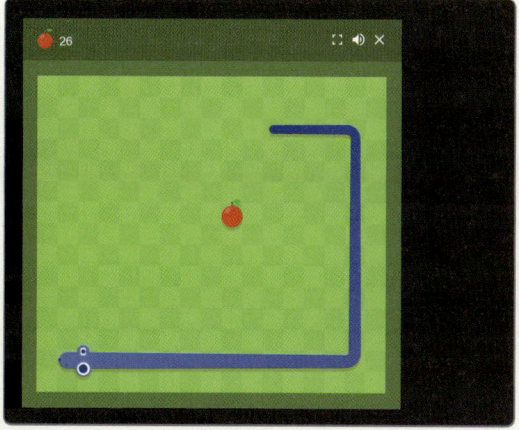

04 ✦ '벽' 또는 '몸통'에 닿으면 게임 종료

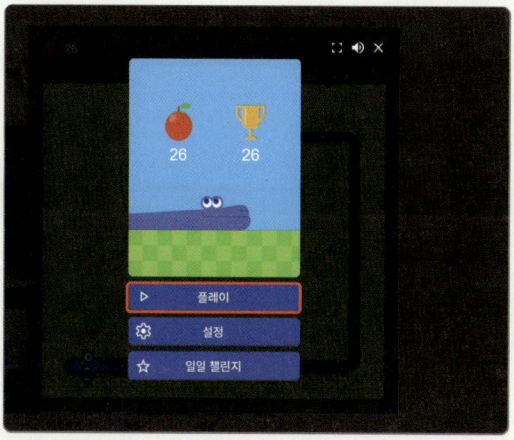

05 ✦ 게임이 종료되면 다시 <플레이> 클릭

CHAPTER 24. 스네이크 게임 만들기 **155**

STEP 01 사과 복제본을 만들어 무작위 위치로 이동시켜요.

01 [Chapter 24] 폴더에서 **스네이크 게임.ent** 파일을 더블클릭해요. 오브젝트 목록에서 **사과**를 선택한 후 ⓞ를 클릭하여 실행 화면에서 숨겨요.

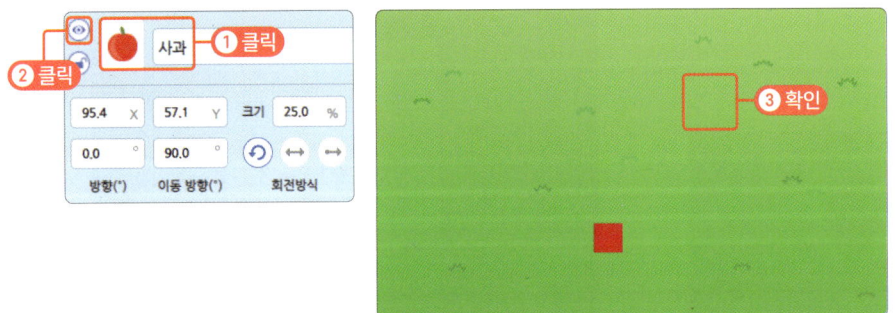

02 사과를 복제하기 위해 시작에서 `시작하기 버튼을 클릭했을 때`를 블록 조립소로 드래그한 후 흐름에서 `자신▼ 의 복제본 만들기`를 연결해요.

03 사과 복제본이 생성되었을 때 숨겨진 모양을 나타내기 위해 흐름에서 `복제본이 처음 생성되었을때`를 블록 조립소로 드래그한 후 생김새에서 `모양 보이기`를 연결해요.

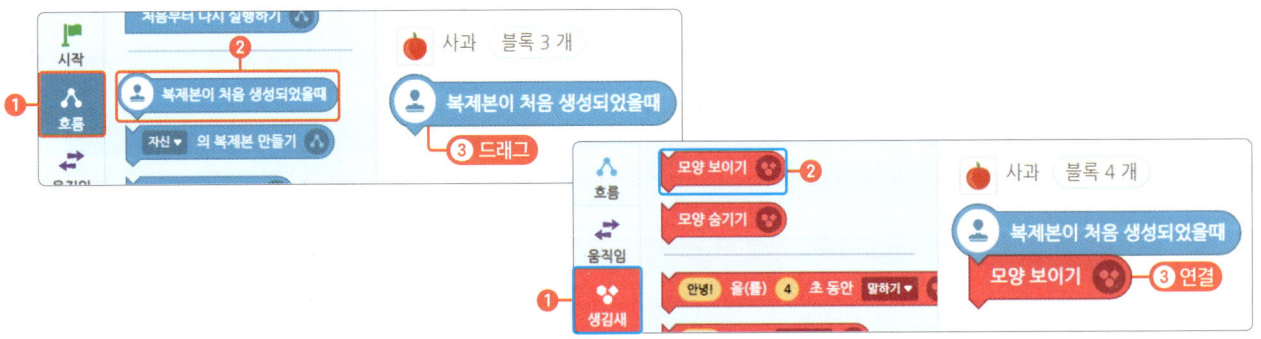

> **TIP 오브젝트 복제본 만들기**
> 특정 오브젝트의 복제본을 만들기 위해서는 `자신▼ 의 복제본 만들기`와 `복제본이 처음 생성되었을때`를 함께 묶어서 작업해요. `자신▼ 의 복제본 만들기`로 오브젝트의 복제본을 만들면 `복제본이 처음 생성되었을때`에서 다양한 조건(모양, 좌표 위치, ~닿았는가? 등)을 지정하여 복제본을 생성할 수 있어요.

04 사과 복제본이 생성될 때 실행 화면의 무작위 위치로 이동시키기 위해 움직임에서 `x: 0 y: 0 위치로 이동하기`를 연결해요.

05 계산에서 `0 부터 10 사이의 무작위 수`를 양쪽 0에 끼워 넣은 후 X값(-220, 220)과 Y값(120, -120)을 변경해요.

06 사과 복제본이 뱀에 닿으면 새로운 복제본을 만들고 해당 복제본은 삭제하기 위해 흐름에서 `계속 반복하기`, `만일 참 (이)라면`, `자신의 복제본 만들기`, `이 복제본 삭제하기`를 차례대로 연결해요.

07 조건을 지정하기 위해 판단에서 `마우스포인터에 닿았는가?`를 참에 끼워 넣은 후 뱀으로 변경해요.

> **TIP 사과 복제본 생성 과정**
> '사과' 복제본을 실행 화면 무작위 위치로 이동시킴 → 복제된 '사과'가 '뱀'에 닿았는지 계속 확인 → '뱀'에 닿았다면 새로운 '사과' 복제본을 만듦 → '뱀'에 닿은 '사과' 복제본은 삭제함

STEP 02 사과를 먹으면 뱀의 길이가 조금씩 늘어나요.

01 뱀을 선택한 후 [시작]에서 [시작하기 버튼을 클릭했을 때]를 블록 조립소로 드래그해요.

> **TIP 뱀 오브젝트 코드**
> 뱀 오브젝트는 방향키를 이용하여 조종할 수 있는 코드가 미리 작성되어 있어요.

02 뱀이 사과에 닿았는지 계속 확인하기 위해 [흐름]에서 [계속 반복하기]와 [만일 참 (이)라면]을 연결한 후 [판단]에서 [마우스포인터▼ 에 닿았는가?]를 참에 끼워 넣고 **사과**로 변경해요.

03 뱀이 사과에 닿으면 가로 길이를 늘이기 위해 [생김새]에서 [가로▼ 를 10 만큼 늘이기]를 안쪽에 연결한 후 값(5)을 변경해요.

04 코드 작업이 끝나면 [▶시작하기]를 클릭하여 스네이크를 실행한 후 복사본으로 파일(홍길동_스네이크)을 저장해요.

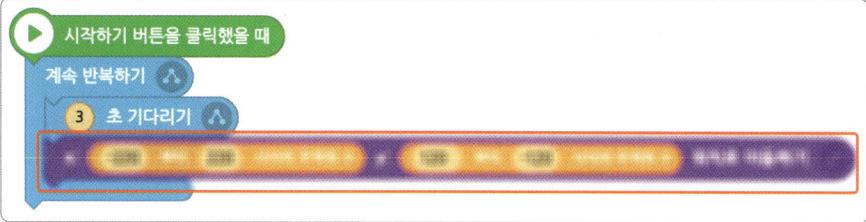

① 폭탄은 실행 화면 바깥쪽(Y200)에 있기 때문에 오브젝트 목록에서 **폭탄**을 선택해요.

② 게임이 시작되면 폭탄이 3초 간격으로 'x좌표는 −220 ~ 220', 'y좌표는 120 ~ −120' 사이의 무작위 위치로 계속 이동하도록 블록을 추가해요.

▶ [x: 0 y: 0 위치로 이동하기] → [0 부터 10 사이의 무작위 수] → [0 부터 10 사이의 무작위 수]

③ ▶ 시작하기를 클릭하여 결과를 확인해 보세요.

✱ 부록으로 제공되는 스티커를 활용해, 가로 세로 낱말을 완성해 보아요!

MEMO

스티커

치 슴 이 파 오

숭 새 우 뱀 양 루 징

람 조

타 나 사 기 박 상 린 슴